국제난민 이야기

동유럽 난민을 중심으로

차례
Contents

들어가며

　제2차 세계대전 이후 유럽에서 동유럽 난민이 처음 발생하게 된 계기는 고르바초프(공산당 서기장, 1985~1991)의 개혁(perestroika)과 개방(glasnost) 정책에 따라 구소련이 문호를 개방하고, 동유럽 국가들에 대한 실질적인 영향력을 포기하게 되면서부터라 할 수 있다. 비록 사회주의체제 내의 견고성을 전제로 한 것이었지만, 초기 그의 이러한 정책들은 소련 내 급진 개혁 세력의 저항 확대를 불러왔고, 동유럽 국가와 민족들에겐 사회주의 통제를 벗어나 민주화와 자유화로 갈 수 있다는 희망을 안겨준 게 사실이다. 이후 한동안 수많은 동유럽 난민들이 서로의 국경을 넘어 혹은 서유럽 자유 국가로의 탈출을 감행하게 되면서 20세기 말 동유럽 난민 발생의 출발을 예고하게 된다.

한동안 이어지던 동유럽 민족들의 서유럽 국가로의 탈출 러시는 1989년 사회주의체제의 견고성으로 상징되던 베를린 장벽이 붕괴하고, 대부분의 동유럽 국가에서 사회주의체제가 몰락함에 따라 잠시나마 그 진행이 멈추었다. 하지만 1990년대 자유·민주화로의 체제 전환 속에 발생한 여러 갈등과 혼란, 특히 발칸유럽에서의 다양한 민족 간 갈등 상황은 이 지역에서의 대규모 난민 사태와 함께 다시 한 번 동유럽 난민 문제에 대한 국제사회의 관심을 불러일으켰다.

20세기 말 유럽 국가들은 제2차 세계대전 종결 이후 이제껏 겪어보지 못했던 색다른 형태의 대량 난민 문제를 경험해야 했다. 1990년대 동유럽의 발칸반도에서 발생한 수차례의 민족 간 분쟁과 내전은 이 지역에서만 약 300만 명에 가까운 난민을 낳았다. 지난 20여 년 동안 UN과 EU 등 국제사회와 국제기구들은 이러한 난민 문제를 해결하고자 깊숙이 개입해 왔으며 관심을 확대해 온 것도 사실이다. 또 국제사회와 다양한 국제기구들은 다방면에 걸친 국제공동체들 간의 공조와 함께 포괄적 지원을 행해왔으며 현재까지도 그러한 지원과 관심이 이어지고 있다. 이를 기반으로 현재 동유럽, 특히 발칸유럽 지역의 민족 문제와 난민 문제는 어느 정도 안정을 되찾아가는 중이라 할 수 있다. 민족 갈등과 내전으로 발생한 다양한 형태의 동유럽 난민은 원래 거주 지역에서의 분쟁이 소강상태에 들어감에 따라 귀향하거나 혹은 새로운 정착지에서 또 다른 삶을 이어가고 있다. 하지만 2012년 현재까지도 약 33만여 명에 가까운 난민들은 귀향이나 정착을 하지 못하고 난민 상태로 남아 국제사회의 관심과 손길을 필요로 하는 상황이다. 이러한 난민 중 특히 보스니아-헤르체고비나(Bosnia and Herzegovina, 이후 '보스니아'로 약칭)와 코소보(Kosovo) 민족분쟁 그리고 마케도니아(Macedonia) 내전으로 인해 발생한 약 232,000여 명의 실향민 및 난민 문제 해소는 관련 국가들의 복잡한 대내외적 사정과 민족 문제 어려움으로 인해 여전히 완전한 해결책을 제시하지 못하고 있는 실정이다.

이 책에서는 동유럽 지역의 난민 문제 발생 배경과 그 해결 과정을 살펴보고자 한다. 특히 필자는 국제법적 적용과 국제사회의 대응전략을 연구해보고자 하였는데, 조심스럽지만 향후 발생할 수 있는 북한에서의 급변사태 그리고 그 여파로 동북아 지역의 균형이 깨질 경우, 우리나라를 비롯한 중국 등 주변 국가에서 필연적으로 대두되게 될 대량 난민 문제에 대한 사전 준비, 그리고 대응전략 수립에 일련의 도움을 줄 수 있을 것으로 기대한다.

이 책은 앞에서 언급한 배경을 바탕으로 다음과 같이 크게 세 부분으로 나눌 수 있다. 첫째, 1990년대 동안 동유럽에서 발생한 대표적인 민족분쟁이자 대량 난민 문제의 원인이 된 유고슬라비아(이후 '유고'로 약칭) 연방 붕괴와 보스니아 내전(1991~1995), 코소보 민족 갈등 및 미국을 중심으로 한 NATO와 세르비아 간의 코소보 전쟁(1999), 그리고 알바니아 민족과 마케도니아 정부 간의 마케도니아 내전(2001)을 중심으로 동유럽 난민 문제 발생의 배경과 그 전개 과정에 대해 설명하고 자 한다. 두 번째, 다양한 국제사회와 국제기구들이 동유럽의 난민 문제 개입과 해결을 위해 어떠한 국제법적 정당성을 부여 했고, 어떻게 이 정당성을 적용시켜 나갔는지에 대해서 분석할 것이다. 마지막으로 세 번째 부분에서는 동유럽의 복잡한 난민 문제를 해결하기 위해 국제사회가 고안해 낸 대응 전략의 핵심 인 '임시보호(Temporary Protection)정책'의 내용과 그 취지를 살펴 보고, 더불어 현재 난민 현황과 지원 내용에 대해 소개하고자 한다.

동유럽 난민 문제의 발생 배경

동유럽 난민 문제의 진원지 – 발칸반도

20세기 말 대규모로 발생한 동유럽의 난민 문제는 주로 발칸유럽, 그중에서도 과거 사회주의 유고 연방의 구성국에서 집중적으로 나타났다. 이들 지역에서 대량 난민 문제가 발생하게 된 배경은 다음과 같이 세 가지로 요약해 볼 수 있다.

우선 '유고 내전(1991.6~1995.10)'과 '보스니아 내전(1992. 3~1995.10)'을 들 수 있다. 1989년 이후 불어 닥친 동유럽에서의 민주화·자유화의 바람은 복잡한 민족·문화·종교 구성을 이루고 있던 사회주의 유고 연방에도 영향을 미치기 시작했다. 연방 내 구성 공화국 중 정치·경제적으로 가장 선진화된 지역

슬로보단 밀로셰비치

이었던 슬로베니아(Slovenia)와 크로아티아(Croati)는 세르비아(Serbia)가 주도하고 있던 연방에서 탈퇴해 새로운 독립공화국을 구성하려는 움직임을 전개한다. 이에 대해 세르비아와 밀로셰비치(Slobodan Milosevic: 세르비아 대통령 1989~1997, 신유고 연방 대통령 1997~2000)는 강력히 반발하였고, 이어 1991년 슬로베니아에서의 시가전을 시작으로 크로아티아에서 크로아티아의 독립을 바라지 않던 세르비아 소수 민족과의 내전이 발발하게 된다. 특히 크로아티아에서의 내전 발발은 연방의 축소판이라 할 수 있었던 보스니아 내 무슬림(Bosnian Muslim)과 크로아티아인을 자극했으며, 1992년 이들을 중심으로 독립 선언이 발표된 직후부터 보스니아 내 세르비아인의 저항이 시작되어 보스니아에서 또 새로운 내전이 발발하게 되었다. 보스니아의 경우 이슬람을 믿는 보스니아 무슬림, 정교(Orthodoxy)를 믿는 세르비아인, 가톨릭(Catholic)의 크로아티아인 등 세 주요 민족이 한데 모여 거주하고 있어 대표적인 '종교와 문화의 모자이크'[1] 지역으로 꼽혔지만, 이러한 종교·문화 간의 화해와 조화는 1992년 보스니아 내전의 발발과 함께 사라진다.

1991년 9월부터 대략 7개월간 지속된 크로아티아의 내전, 그리고 그 뒤를 이어 1992년 3월부터 3년 8개월간 이어진 보

스니아의 내전은 장기간 전쟁으로 인한 경제적 피폐와 함께 종교·민족 간 학살에 따른 후유증 등 여러 사회적인 문제점도 남겼다. 하지만 그중에서도 유고 지역 및 보스니아 내전의 가장 큰 문제는 대량 학살과 더불어 대규모 난민의 발생이라 할 수 있다. 크로아티아의 내전 과정에서 크로아티아인과 세르비아인을 모두 더해 약 1만 여 명의 사망자가 발생했고, 세르비아인을 중심으로 한 약 70여 만 명의 이재민과 난민이 발생했다. 보스니아의 경우 약 8,000명의 보스니아 무슬림이 학살된 것으로 알려진 스레브레니차(Srebrenica) 지역을 포함해 보스니아 전역에서 약 10여 만 명의 사망자와 실종자, 그리고 약 230만 명의 이재민과 난민이 발생했다. 특히 내전 이전 약 190만 명을 차지했던 보스니아 무슬림은 내전을 겪으면서 이중 약 60%가 강제 이주 혹은 난민으로 전락하는 상황에 처하게 된다.

국제사적 관점에서 봤을 때, 유고 지역 및 보스니아에서 발생한 난민 문제는 대량 난민 발생에 대한 국제사회의 대응책과 이에 따른 의미를 남겨준 게 사실이다. 유고 지역 및 보스니아에서의 난민 문제는 우선 제2차 세계대전 이후 유럽 내에서 발생한 최초의 대량 난민 문제 해결을 위한 국제사회의 공조를 불러왔고, 국제기구들의 난민 정책 수립 및 결정에 있어 중요한 영향을 미쳤다고 할 수 있다. 더불어 이후 전개된 1998~1999년 코소보에서의 민족분쟁과 관련된 대규모 알바니아 난민 문제 해결에 있어 중요한 토대가 되었다는 점에서 도 그 의미를 찾을 수 있다.

두 번째 배경으로는 코소보를 둘러싼 세르비아와 알바니아 민족 간의 갈등, 그리고 이후 전개된 NATO군과 세르비아 간의 '코소보 전쟁(1999.3~1999.6)'이라 할 수 있다. 2008년 2월 코소보의 알바니아 정부가 일방적으로 독립을 선언한 이후, 코소보는 세르비아는 물론 중국과 러시아의 반대로 UN 등에서 정식 독립국가로 인정을 받지 못하고 있다. 따라서 이로 인한 대내외적 긴장과 민족 갈등 문제가 첨예하게 대립하고 있으며, 이로 인해 과거 내전과 NATO와의 전쟁 당시 발생한 난민들의 귀국 문제 등이 해결되는 데 어려움을 겪고 있는 지역이기도 하다.

동유럽의 대표적 분쟁지역인 코소보는 15세기 오스만 터키가 이 지역을 중심으로 발전을 거듭해온 중세 세르비아 왕국을 몰아내고, 이를 대신해 이슬람을 받아들인 알바니아 민족들을 정착시킨 이후 세르비아인과 알바니아인 간의 역사·문화적 갈등이 지속적으로 이어져온 곳이다. 특히 제1차 세계대전 이후

시위 중인 알바니아인들

코소보 지역은 세르비아의 영향력 하에 편입되어 있었으며, 현대사에 들어와선 1989년 세르비아로부터 강제적으로 자치권을 상실한 이후 알바니아인들의 시위와 테러 그리고 세르비아경찰들의 탄압과 진압이 20세기 말까지 계속해서 이어져 온곳이다.

그동안 코소보에서의 갈등과 분쟁은 지속적으로 국제적 관심을 받아왔는데 이 지역이 역사·문화적으로 주변 여러 민족들과 밀접한 관계에 있었고, 무엇보다 국제 열강들의 이해관계가 첨예하게 대립한 지역이었기 때문이다. 또 코소보는 보스니아와 함께 다민족, 다문화로 규정된 사회주의 유고 연방을 지탱해 온 대표적인 상징 지역이기도 했다. 과거 제2차 세계대전 이후 연방을 구축했던 티토(Josip Broz Tito, 1892~1980)가 연방유지를 위해 적용한 정치적 민족주의(Political Nationalism), 즉 유고슬라비즘(Yugoslavism)의 시험무대로 보스니아 공화국을 활용했다면, 코소보는 연방 내 유고슬라비즘과 한 축을 이룬 대표적 문화적 민족주의(Cultural Nationalism)라 할 수 있는 세르비아니즘(Serbianism)을 억제시키는 주요 상징지역으로서의 역할을 수행해왔다고 할 수 있다.[2]

티토의 사회주의체제 하에서 잠재되어 있던 세르비아니즘은 1980년 5월 티토의 사망 이후 다시 시작된 코소보 내 알바니아인들의 폭동과 더불어 확대하게 된다. 코소보 내 세르비아인과 알바니아인 간의 유혈충돌로 확대된 이 지역의 민족 갈등은 1987년 이후 강력한 민족주의 발언을 통해 급부상한 밀로셰비치의 정치적 입지를 확고히 해주었고, 그는 그동안 억눌려온 세르비아니즘의 재건과 확대를 선언했다. 밀로셰비치는 세르비아 대통령에 당선된 직후인 1989년 코소보 자치권을 폐지했고, 더불어 세르비아 중심의 연방 정책을 추진해 감에 따라 연방 성립의 기초로 여겨져 왔던 유고슬라비즘의 소멸 및 연방 붕괴의 단초를 제공하게 된다. 1998년 이후 확대된 세르비아 경찰부대와 알바니아 민병대 간의 충돌은 이후 코소보 내 양 민족 간의 유혈 충돌로 확대되었고, 마침내 1999년 3월 코소보 내 알바니아인들의 인권수호를 전제로 내세운 NATO군의 코소보와 세르비아 본토에 대한 공습으로 이어졌다. 이에 따라 코소보 전체 인구의 200만 명 중 3/4에 해당하는 약 150만 명이 난민으로 전락해 마케도니아 등 이웃 국가들로 피신해야 했다. 이후 국제사회는 보스니아 내전 사태 이후 다시 한 번 동유

럽에서 대량 난민이 발생함에 따라 코소보 지역에 대해 관심을
갖게 된다. 이후 코소보 지역을 둘러싼 강대국들 간의 갈등 양
상은 '신냉전(New Cold War)의 대두'라는 국제 역학구도의 변화
로 인식되었다.

마지막으로 동유럽에서 대량 난민이 발생하게 된 세 번째
배경으로 마케도니아 내 알바니아 소수 민족이 이웃 코소보
와 같은 독립국가 수립을 요구하며 일으킨 '마케도니아 내전
(2001.3~2001.7)'을 들 수 있다. 마케도니아는 발칸유럽의 중앙
에 위치한 지정학적 이유로 오랫동안 주변 국가들의 침략 대상
이 되어왔으며, 최근까지도 이로 인한 갈등과 논쟁에 시달려왔
다. 1991년 9월 사회주의 유고 연방으로부터 독립을 선언한 초
기부터 국기와 국호 사용 문제를 둘러싸고 그리스와 심각한 갈
등과 충돌을 겪어야 했던 마케도니아는 영토적·언어적 유관성
으로 인해 세르비아와 불가리아 등 이웃 민족들과의 민족 정체
성 논쟁에 있어서도 어려움을 겪고 있다.

일부 논쟁에도 불구하고 역사적 기원으로 볼 때 현재 마케
도니아에 거주하는 마케도니아인들은 6세기를 전후해 이곳에
정착한 슬라브계 마케도니아인으로, 고대 그리스어와 그리스
문화를 받아들인 알렉산더 대왕 시절의 마케도니아인들과 전
혀 관련이 없다. 하지만 고대 마케도니아의 정통성을 계승하겠
다는 강력한 의지를 내보이고 있는 현 마케도니아 정부는 국가
수립 초기부터 국명을 비롯한 여러 역사적 상징물 사용에 있
어 그리스와 갈등을 빚어왔고, 1994년에는 군사적 대치 상태

에까지 이르기도 했다. 이후 미국과 유럽 각 국가들이 마케도니아 문제에 개입했고, 1995년 9월 마침내 양국은 국명을 '구(舊)유고의 마케도니아 공화국(FYROM: the Former Yugoslav Republic of Macedonia)'으로 하라는 1993년 UN 중재안을 받아들이는 데 합의하게 된다. 하지만 현재까지도 이를 둘러싼 양국 간의 논쟁과 분쟁은 지속되고 있다.[3]

마케도니아의 공식 언어는 마케도니아어로 인구의 약 70% 정도가 사용하고 있지만, 언어학적으로 불가리아어에 매우 가까워 마케도니아어를 서부 불가리아어의 한 방언으로 보고 있는 불가리아와 언어 정체성 면에서 갈등을 겪고 있다. 역사적으로 마케도니아는 고대 그리스, 로마 시대를 거쳐 중세 불가리아, 중세 세르비아 제국 시절까지도 발칸유럽의 중요한 전략적 요충지였다. 특히 마케도니아 서남부에 위치한 고대 도시 오흐리드(Ohrid)의 경우, 오늘날 체코 동부와 슬로바키아 지역인 모라비아(Moravia) 공국에서 쫓겨난 키릴(Cyril, 826~869)과 메토디우스(Methodius, 815~885) 형제의 제자들인 클리멘트(St. Kliment Ohridski, 840~916)와 나움(St. Naum, 830~910) 등이 정착한 곳으로 발칸 반도의 슬라브족들에게 크리스트교(정교, Orthodox)와 문자(치릴 문자)를 보급시킨 중심지이고, 따라서 이 지역 남슬라브 족들에겐 종교와 문화적 상징 지역이라 할 수 있다.

하지만 19세기 이후 마케도니아는 발칸유럽의 패권을 노리는 러시아와 오스트리아, 터키 등 강대국들의 틈바구니 속에서 시련을 겪어야 했으며 주인 없는 땅으로 전락한 20세기 초에 들어와서는 영토적 확대를 노리는 세르비아, 불가리아 등 주변 국가들의 전쟁터로 전락하는 아픔을 겪어야 했다. 이러한 현실은 오늘날까지 이어지고 있으며, 이로 인해 국제사회 구성원들에게 이 지역은 동유럽의 대표적 분쟁지역 가운데 하나로 인식되고 있다.

또한 마케도니아는 대내적으로도 알바니아 소수 민족과의 갈등을 완전히 종결하지 못한 채 현재에 이르고 있다. 20세기 말 이후 코소보, 알바니아 등 주변에서 발생하는 다양한 민족 갈등과 충돌, 그리고 2001년 발생한 마케도니아 내에서의 알바니아 소수 민족과의 내전은 한동안 다양한 형태의 난민 문제를 낳았으며 현재까지도 이로 인한 어려움을 겪고 있다.

보스니아 내전의 발발 원인과 난민 확대 배경

사회주의 유고 연방의 붕괴는 크로아티아와 보스니아를 포함한 유고 지역에서의 내전을 불러왔고, 이러한 내전의 격화는 곧바로 이 지역의 대규모 난민 문제를 발생시켰다. 연방의 붕괴는 1989년 베를린 장벽의 붕괴와 동유럽 사회주의체제의 몰락에서 그 단초가 제공되었다고 볼 수 있다. 1990년 1월 제14차 공산당 전당대회 중단과 함께 공산당 기능이 정지된 후, 같은 해 2월 '공산당 독점 방지법안'이 통과되자 연방을 구성하는 6개 공화국 모두에서 전후 최초의 '복수 정당제 선거'가 실시되었다. 이 선거를 통해 각 공화국에선 공산당 대신 각 민족을 대표하는 민족주의 정당들이 권력을 장악하게 된다. 당시 슬로베니아와 크로아티아는 미래 국가 체제를 당시 EC와 같은 주권 국가들의 느슨한 연합체로 전환할 것을 제안했지만 이러한 요구는 연방의 주도권을 장악하고 있던 세르비아의 반대로 받아들여지지 않았고, 결과적으로 슬로베니아와 크로아티아는 독일의 외교적 지원을 바탕으로 1991년 6월 25일 전격 독립을 선언하게 된다.

이후 EC의 3개월 중재안이 실패로 돌아가자 세르비아 소수 민족이 다수 거주하고 있던 크로아티아에서 본격적인 내전이

난민 문제를 겪고 있는 발칸유럽 지역의 지도
(출처: http://balkan.tabian-vendrig.eu/balkan)

시작되었다. 그 결과 초기엔 세르비아인에 의한 크로아티아인 난민이, 1992년 중반부터는 크로아티아 정부군의 공격 강화에 따라 크로아티아 본토로부터의 세르비아인 대량 탈출과 난민 문제가 발생하게 된다. 크로아티아에서의 내전은 민족·종교적으로 가장 혼재되어 있던 이웃 국가 보스니아에까지 바로 영향을 미쳤다. 1992년 3월 보스니아 구성 민족 중 보스니아 무슬림과 크로아티아인은 세르비아 중심의 연방에서 독립할 것을 결의하였고, 일방적으로 독립을 선언하기에 이르렀다. 이에 대해 세르비아인들은 크게 반발하였고, 이후 세르비아인들의 공격을 시작으로 보스니아 내전 발발과 함께 다양한 형태의 이재민 및 난민 문제가 발생하기에 이르렀다.

유고 지역 및 보스니아에서의 내전이 발발하게 된 대내적 원인은 다음과 같이 분석해 볼 수 있다. 첫째, 생존 당시 티토는 '종교와 문화의 모자이크' 지역이었던 사회주의 유고 연방의 압축이자 축소판이었던 보스니아의 중요성을 그 누구보다 잘 알고 있었다. 그래서 그는 보스니아에서의 민족 간 화해와 단합 그리고 서로 간의 통혼으로 인한 민족 간 혼혈 정책 확대를 추진하고자 노력했다. 하지만 1980년 5월 티토가 사망하고 연방의 컨트롤 타워(Control Tower)가 부재하게 되자 민족·종교·문화 간 화해의 대표적 상징지역이었던 보스니아는 민족 간 갈등과 충돌의 대표 지역으로 전락해 혼란의 시기를 겪어야 했다.

둘째, 사회주의 유고 연방 내 민족들은 1990년대를 거치며 제2차 세계대전 이후 연방을 지탱해온 가장 중요한 이데올로기

17

인 사회주의체제의 붕괴를 그저 지켜보아야만 했다. 이러한 과정 속에서 이 지역의 민족들은 다른 동유럽 국가들과는 달리, 민주주의 국가로의 정착 이전에 대체 이데올로기로써 문화적 요소(특히 종교)에 바탕을 둔 '문화적 민족주의'에 큰 호응을 보내게 된다. 이에 따라 종교와 언어, 혈통, 과거 역사적 경험 등의 문화적 요소로 '우리(We)'와 '그들(They)'을 가르는 극단적 민족주의가 대두되었는데, 이는 민족주의자들에 의해 너무나 쉽게 악용되었다.

셋째, 이 지역의 민족들이 과거 역사적 경험에서 비롯된 서로 간의 인종청소(ethnic cleansing)라는 역사적 경험을 지니고 있던 점을 들 수 있다. 이중 가장 최근의 사례로 제2차 세계대전 당시 크로아티아의 우스타샤(Ustaša) 극우 정권에 의한 세르비아인 대량학살을 들 수 있다. 제2차 세계대전 발발 직전 유고 왕국(The Kingdom of Yugoslavia) 하에서 세르비아는 프랑스 등과의 연합정책을 모색했지만, 크로아티아인들은 독립을 제시한 독일에 지지를 보였다. 그리고 세계대전 발발 이후 독일이 세르비아를 침공하자 크로아티아의 우스타샤 정권과 그 수장인 안테 파벨리치(Ante Pavelić, 1941~1945 역임)는 자치국가(ACP: Autonomous Croatian Province)를 선포하

안테 파벨리치

고 크로아티아 상당 부분과 보스니아 영토를 차지하게 된다.

　이후 히틀러의 지원 속에 우스타샤 정권은 가톨릭 개종을 빌미로 이를 거부하는 세르비아 정교도인을 대규모 학살하는 등 인종청소와 강제 이주 작업을 단행했다.[4] 세르비아에서는 당시 학살된 세르비아인 및 집시, 유태인이 약 110만 명이라 주장하고 있고, 크로아티아의 역사가들은 약 10만 명 내외, 사회주의 시절 국정 교과서에서는 약 70만 명 내외로 추정하고 있다. 반면 이러한 행위는 타민족 학살의 정당성으로 이어져 세계대전 중 세르비아 민족 집단인 체트니크(Četnik)에 의해 약 10만 명의 크로아티아인이 살해되는 비극을 낳기도 했다.[5] 이처럼 역사적 경험에서 비롯된 공포와 두려움은 이 지역 내 민족 간의 조화로움과 평화가 작은 충격에도 쉽게 깨질 수 있는 원인이 되었고, 내전이 크게 확대되는 주요 배경이 되었다고도 볼 수 있다.

　내전 발발과 확대, 난민 문제 발생의 대외적 원인은 우선 내전 이전과 이후로 나누어 볼 수 있다. 내전 이전 원인으로는 첫째, 소련의 붕괴 그리고 동유럽의 자유화와 민주화로의 전환에 따른 유고 지역의 정치·사회적 혼란을 들 수 있다. 두 번째, 사회주의 및 동유럽 붕괴라는 국제질서의 급변 속에 복잡한 민족 구성 및 문제를 안고 있던 이 지역에 대해 UN, EC(이후 EU로 전환) 등 국제기구의 관심이 부족했고, 미래국가 수립 방향에 대한 전략이 부재했기 때문이라 볼 수 있다. 세 번째, 동유럽에 대한 영향력 선점과 이해 확대를 위한 미국과 독일 등 서구 강대국들의 지나친 발언과 간섭 등을 들 수 있다.

또 내전 이후 원인으로는 첫째, 이들 지역의 내전 해결을 위한 국제사회의 공조 부족 및 신속한 개입 부재를 들 수 있다. 실제 내전 초기 EU에서는 유럽의 문제는 유럽에서 처리할 것을 주장했지만 이는 해결되지 못했다. 그래서 이후 UN에 이 문제를 떠넘겼고, UN 또한 해결 주체로서의 역할을 제대로 하지 못하다 결국 이 문제를 미국에 넘기게 되었다. 한편 미국은 초기 방관자적 자세로 일관하다 클린턴 대통령(Willam J. Clinton, 1993~2001 재임)의 정치적 결단에 따라 내전 해결에 참여하게 되었다. 토마스 해리슨(Thomas Harrison)은 "보스니아 문제 발생 초기, 서구 사회가 이 문제의 국제적 심각성을 이해하고 보다 신속한 개입을 결정했다면 이들 지역에서 발생한 수많은 희생과 난민 문제는 막을 수 있었을 것이다"라고 언급하기도 했다.[6] 또 헬싱키 워치(Helsinki Watch) 보고서는 '미국은 제1차 걸프전쟁(1991)에서 석유자원 이해관계가 걸린 쿠웨이트 사태에 적극적으로 군사 개입을 단행했지만, 비슷한 시기에 터진 유고 지역과 보스니아 문제에는 방관자적 태도를 취했다. 이에 따라 수많은 인종 학살과 난민 문제 발생을 방조한 결과를 낳았다'고 비판하고 있다.[7]

두 번째, 미국과 EU 등이 자국 이해를 우선시해 일련의 혼선이 발생하였고, 더불어 약속된 조치들이 제대로 이루어지지 않았다는 점이다. 실제 미국과 서방 국가들은 내전 초기 유고 연방의 유지를 지지했는데, 1991년 3월 유럽각료회의 의장 쟈크

샤우터(Jacques Souter)가 연방유지를 조건으로 경제지원을 약속하기도 했으며,[8] 1991년 6월 유럽안보협력회의(유럽 35개국 참여)에 참석한 미국 국무장관 제임스 베이커(James Baker)는 소수 민족 문제를 안고 있는 소련 및 동유럽에서의 도미노 효과(Domino effect)를 우려해 연방유지 지지 발언을 하기도 했다. 하지만 얼마 뒤 독일과 이태리 등 유럽 국가들이 연방 분열의 필연성을 주장했고, 마침내 1991년 12월 EC중재위원회를 압박해 연방 이탈 국가들에 대한 독립 승인 절차를 얻어내기에 이르렀다. 이는 결국 1992년 1월 슬로베니아와 크로아티아 독립 인정으로 이어졌고, 보스니아 독립 추진과 이에 따른 내전을 발생시켰다.

세 번째, 이들 지역의 문제 해결을 위해 유럽과 UN 등에서 제시한 평화안들이 해당 지역의 상황과 역사적 경험을 도외시한 채 단순한 이상에 치우치다 보니, 오히려 민족 간 충돌을 증대시키고 대규모 난민 문제의 확대를 불러왔다는 점이다. 그 예로 1992년 9월 런던 회담과 제네바 회담에서 제시된 벤스-오웬 안(Vance-Owen plan)의 적용 실패를 들 수 있다. 이 안은 보스니아 세 민족인 무슬림, 세르비아인, 크로아티아인을 대상으로 보스니아를 10개 지역으로 분할해 각 민족 집단에게 각각 3개 지역을 주고, 사라예보를 비롯한 그 인근 지역을 중립지대로 설정하는 것을 골자로 하고 있었다. 하지만 이 안에 따르면 타민족 지역에 남아 있는 소수 민족들의 경우 지역에 따라 29~58.4%까지 강제 이주가 이뤄져야 했으며, 이로 인해 대규모 난민 문제가 발생해야 했다. 또 인구·면적 간의 불공정성 문제 또한 야기되었는데, 이 안에 따르면 당시 인구 44%의 보스니아 무슬림은 27%의 면적을, 31%의 세르비아인은 43%의 면적을, 17%의 크로아티아인은 25%의 면적을 차지하게 되어 있었다. 이처럼 일방적이고 편의적 발상에 의한 평화안은 오히려 민족 간 내전의 격화와 대규모 난민 발생의 배경을 제공했다고 할 수 있다.[9] 이후 미국 등 유럽 국가들의 '제스처 외교'를 비판하는 국제 여론의 확대 속에 1995년 5월 미국은 UN의 요청을 받아들여 유고 지역 및 보스니아 내전에 개입하기로 결정했다. 그리고 마침내 1995년 10월 '데이턴 합의안(Dayton Agreement)'이 체결됨에 따라 이들 내전이 종결되게 된다.

1국가 2체제 형태의 보스니아 현재 지도
(출처: http://www.cia.gov)

하지만 앞서 내전 원인을 통해 분석했듯 내전 기간 동안 보여준 국제사회의 내전 종식을 위한 해결 능력 및 난민 대응 정책은 많은 실망스러움을 안겨주었다. 그 대표적인 예 중 하나는 유고 지역 및 보스니아에서의 민족분쟁 확대 및 대량 난민 문제를 해결하기 위해 파견된 유엔보호군(UNPROFOR: UN Protection Force)의 무기력함과 소극적 대응이다. 실제 UN은 이들 지역의 대량 학살 및 난민 문제 해결에 대한 국제사회의 요구와 비난이 거세지자, 1992년 2월 21일 'UN안보리 결의안 741호(UNSCR 741: UN Security Council Resolution 741)'에 의거, 12개월의 기한이 주어진 유엔보호군을 파견한다. 하지만 이들은 완전한 통제권 장악에 실패했다.

그 첫 번째 이유는 유엔보호군의 작전 역할과 범위의 계속된 확대다. 결성 초기엔 12개월간 이들 지역의 감시 임무만을 맡기로 되어 있었지만, 1993년 6월 4일 UN 안보리가 '결의안 836호(UNSCR 836)'를 통과시킴에 따라 유엔보호군의 임무에 수도인 사라예보를 비롯해 보스니아 내 흩어져 있는 이재민과 난민을 보호해 줄 '안전지대(Safe Zone) 확보' 임무가 추가된다.[10] 이처럼 해당 지역 주둔군으로 성격이 바뀜에 따라 유엔보호군은 능력 이상의 부담에 시달려야 했다. 두 번째 이유는 초기 '중립적 군사개입' 원칙을 고수했던 UN의 결정에 따라 유엔보호군의 임무가 구호품 공급과 이재민 지원에 국한된 데서 찾아볼 수 있다. 세 번째로 보스니아 내전 초기 유엔보호군의 수가 약 만 명에서 나중에 약 2만 4천 명까지 증원됐지만, 경

유엔보호군의 모습(보스니아, 1992)

무장 무기 보유(개인 화기와 차륜식 장갑차)라는 한계로 인해 치안 임무 이상의 고강도 임무 수행이 사실상 불가능했다는 점을 들 수 있다. 네 번째로 사령부의 혼선과 복잡한 행정 체계 또한 유엔보호군의 임무 수행을 어렵게 만들었다. 실제 1992년 이래 유엔보호군의 주요 임무가 10회 이상 변경됐고, 1995년까지 최고 지휘관만 4명이 교체되는 등 사령부의 혼란이 지속되었다. 더불어 일선 대대장의 군수품 요청 시 확인 절차가 52단계에 이를 정도로 행정체계가 복잡해 제때 임무를 수행하지 못하는 한계점도 있었다. 마지막으로 보스니아 병력 파견 국가들이 자국의 병력 안전을 우선적으로 고려해 자위 차원의 임무 이상을 수행하지 않으려는 소극적 대응에 머물렀다는 점이다.

유엔보호군의 무기력함과 초기 적절한 대응 전략의 부재는 UN의 권위 실추는 물론 유엔보호군 무용론과 국제사회가 오히려 대량 학살과 난민 확대를 용인한다는 인식 확산까지 불러왔다. 실제 유엔보호군은 점차 자신들이 정한 안전지대의 관리 및 보호조차 어려운 상태에 처하게 됐으며, 이러한 현실을 두고 보스니아 세르비아계 총사령관인 라트코 믈라디치(Ratko

Mladić)와 세르비아 민병대들은 이들을 'UN Self PROFOR(UN 자기보호군)'이라 조롱하기에 이르렀다.[11] 또 이러한 인식 확대는 이후 내전의 장기화로 이어졌고, 1995년 7월 세르비아 민병대에 의해 발생한 스레브레니차 학살(UN 안전지대 하에 있던 약 8천여 명의 보스니아 무슬림이 살해)과 같은 대량 학살의 원인을 제공하게 되었다.

세르비아니즘 확대와 코소보 전쟁

2008년 2월 18일, 코소보 알바니아계의 하심 타치(Hashim Thaçi) 총리가 세르비아로부터 코소보 독립을 공식적으로 선포한 이후, 국제사회는 오랫동안 코소보의 미래를 둘러싼 논의에서 그 해결점을 찾지 못한 채 심각한 분열 양상을 보여 왔다. 그 이유는 코소보 문제가 단순히 이 지역 분쟁의 당사자인 세르비아와 코소보 알바니아만의 문제가 아니기 때문이다. 또 이점은 코소보의 평화 정착과 난민 문제 해결을 더욱 어렵게 하는 배경이 되고 있다.

미국을 비롯해 EU 내 상당 국가들은 여러 국제기구를 이용해 코소보의 독립을 기정사실화하고 있지만, 당사자인 세르비아는 물론 러시아와 중국 그리고 소수 민족문제를 안고 있는 유럽의 일부 국가들은 코소보의 독립이 불러올 파장을 우려하며 UN이 이를 인정하지 말아야 한다고 요구하고 있다(2012년 9월 현재 UN 회원국 중 91개국 독립 인정).

미국 등 유럽 국가들에게 있어 코소보의 독립 인정은 현재 동유럽 내 유일하게 남아있는 친(親)러시아 성향의 세르비아를 견제하고, 동유럽으로의 영향력 확대를 완결시키겠다는 국제 전략적 이상과 부합한다고 할 수 있다. 반면 러시아는 자신의 이해 영역(Interest sphere) 안으로의 미국의 영향력 확대 시도를 더 이상 용납하지 않겠다는 의지를 분명하게 보이고 있다. 이러한 국제적 갈등 양상은 과거 냉전 하에서 보인 분열 양상의 재현으로 비치고 있으며, 이에 따라 코소보의 미래를 둘러싼 다양한 형태의 국제사회 갈등이 재현될 가능성이 높아지고 있는 실정이다.

　국제사적 사건들을 반추해볼 때, 동유럽 내 소수 민족 문제는 국제질서의 역학 구도 변화와 유럽 내 평화 구축을 어렵게 하는 요소가 되어왔다. 동유럽 내 소수 민족 문제와 난민 문제를 겪고 있는 여러 지역 중에서 코소보는 21세기인 현재까지도 가장 큰 갈등의 대상지이자 국제사회의 주요 관심 지역 중 하나로 부각되고 있다. 이처럼 코소보에서의 문제 해결이 요원한 배경 중 하나로 세르비아의 영토적·문화적 민족주의에 기초한 '세르비아니즘(Serbianism)의 확대 기도'와 이에 저항하는 코소보 알바니아인들의 '대(大) 알바니아주의(Great Albanianism)' 간의 충돌'을 들 수 있을 것이다.

　역사 속에서 20세기만을 놓고 분석해봤을 때, 코소보에서의 민족 갈등과 독립을 향한 움직임은 제2차 세계대전 이래 크게 네 번의 시기를 거쳤다. 첫 번째 시기는 '코소보 자치권 확대를 둘러싼 갈등의 시기'로 티토 하 사회주의 기간 동안 코소보는 세르비아의 한 자치주로서 세르비아니즘을 확대하려는 세르비아인과 자치권을 확대하려는 알바니아인간의 갈등으로 혼란의 시기를 겪어야 했다. 이 시기 동안 1966년 당시 부통령이자 정보부 총수였던 알렉산다르 란코비치(Aleksandar Ranković)의 티토 관저 도청 사건과 코소보 알바니아인 탄압 사건, 티토 사후를 대비하기 위해 준비한 1974년 신헌법과 집단대통령제 도입에 따른 코소보 자치권 확대 등 여러 역사적 사건들이 코소보를 대상으로 전개되어 왔다.[12)

두 번째 시기로는 '코소보 자치권 폐지와 이에 따른 충돌 시기'를 들 수 있다. 1980년대 들어와 고등교육을 받은 코소보 알바니아인들과 중산층들은 경제적 어려움 속에서도 점차 세르비아로부터의 독립과 민족 차별 문제에 보다 많은 관심을 갖기 시작했다. 코소보의 독립 요구와 연이은 폭동은 세르비아인들을 보다 자극하였고, 세르비아에서는 이에 따른 극우 집단들의 목소리가 점차 힘을 얻기 시작했다. 특히 제2차 세계대전 이후 본토로의 이주와 출산율의 차이 때문에 코소보에서의 세르비아 민족성은 점차 약화되어 왔던 게 사실이다. 실제 제2차 세계대전 이후 1981년까지 코소보 인구는 약 117.7% 증가했는데, 이중 알바니아인들이 146.2%(1,227,424명으로 77.5% 차지) 증가한데 반해 세르비아인은 18.3%(236,667명으로 14.9% 차지) 증가에 멈추었다.[13) 이후 1999년 코소보 전쟁 직전에는 세르비아인이 약 6%까지 줄어드는 상황까지 이르게 된다. 이러한 사실은 이 지역이 과거 중세 왕국의 발원지이자 민족 종교인 세르비아 정교회의 본산지라는 관점에서 볼 때 세르비아인에게 있어 매우 자존심이 상하는 것이었다.

반면 알바니아인들의 입장에선 자신들이 다수의 민족을 차지하고 있음에도 불구하고 세르비아인들이 코소보에서 공무원, 군, 경찰, 당 관료, 의학 그리고 법조계 등 주요 상위그룹에서 활동하는 데 대한 피해의식이 확대되고 있었다. 이는 점차 세르비아인을 향한 폭행과 테러의 급증을 불러왔으며 동등한 시민권과 부의 평등, 정치범 석방 그리고 나아가 자치 공화국 수립 및 이웃 알바니아로의 합병을 요구하기에 이르렀다. 또 세르비아 경찰의 강력 진압과 시위대 사망 사건이 이어졌고, 코소보 전역에 계엄령이 선포되는 상황 속에 1987년 코소보를 방문한 밀로셰비치의 세르비아 민족주의 발언은 다시 한 번 알바니아인들의 강력한 반발을 불러일으켰다. 실제 밀로셰비치는 1989년 세르비아 대통령 당선 직후 코소보와 보이보디나의 자치권을 폐지하였고, 이 사건은 알바니아인들의 저항과 폭동은 물론 다른 구성 공화국들의 연방 이탈을 가속화 시키는 계기를 만들어 주었다.

코소보 난민 문제가 본격화된 시기는 세 번째 시기인 '코소보 내전과 국제사회의 개입 시기'를 들 수 있다. 코소보의 긴장이 확대되는 가운데, 1998년 알바니아인 마을을 순찰하던 세르비아 경찰들이 알바니아 민병대인 코소보 해방군(KLA: Kosovo Liberation Army)에 의해 사망하는 사건이 발생하게 된다. 이후 세르비아 군과 특수 경찰들의 무리한 진압 작전이 이어졌고, 국제사회는 코소보 문제의 평화로운 해결을 위해 '랑부예 회담(Rambouillet Conference)'을 비롯한 수차례의 협상을 시도했다. 하지만 이러한 노력들은 실패로 돌아갔고, 1999년 3월 마침내 NATO군의 공습이 시작된다.[14]

랑부예 협상 실패와 코소보 전쟁 발생의 직접적 원인으로 세르비아는 힘에 기반을 둔 미국의 현실주의적 전략과 일방적인 외교정책을 꼽았다. 당시 협상에서 미국은 3년 뒤에 코소보 독립 문제를 재논의 한다는 조건과 함께 코소보에 미군을 포함한 NATO군 주둔을 요구했다. 이에 대해 세르비아는 주권 침해를 주장하면서 외국군대인 NATO군이 아닌 UN군의 평화 유지 활동에 동의하겠다는 뜻을 피력했다. 실제 당시 뉴욕타임즈는 "UN군이 아닌 NATO군이 외국 영토의 점령에 있어 주도적인 역할을 했고, 이는 세르비아 주권을 심각하게 위협하는 결과를 초래했으며 이러한 점은 당시 UN의 생각과도 일치하였다"고 언급하기도 했다.[15] 결국 1999년 NATO 창설 50주년에 따른 전략 개념의 수정, 즉 기존 '방위 전략 개념'에서 국제 분쟁 발생 지역에 UN군을 대신해 NATO를 동원하는 '공격 전략 개념'으로의 전환을 위한 시험 무대였다는 비난을 면하기 어려웠다고 할 수 있다.[16]

NATO의 코소보와 세르비아 본토 공습은 79일 동안 지속됐다. 이후 러시아의 중재 속에 6월 10일 양측은 세르비아군의 즉각적인 철수와 유엔평화유지군(UNPKO: United Nations Peace

발칸유럽 내 코소보의 지정학적 위치
(출처: http://www.cia.gov)

Keeping Operations)의 코소보 주둔을 원칙으로 하는 코소보 평화
안에 동의함으로써 코소보 전쟁은 종결된다. 그 이후로 UN을
비롯한 국제사회는 코소보 분쟁으로 인한 난민문제를 포함해
향후 코소보의 미래와 평화 정착을 위한 다방면의 노력을 기울
였지만, 다음 시기에서 확인할 수 있듯 현재까지 만족스런 결
과를 도출해내는 데는 실패했다고 할 수 있다.

　네 번째 시기인 'UN 등 국제사회의 코소보 평화 정착 노력
과 독립선언' 기간 동안 국제사회는 'UNSCR 1244 결의안' 등
평화 정착을 위해 다양한 모델들을 이곳에 적용하고자 노력했
다.[17] 하지만 지난 2007년 12월 UN의 중재 포기 선언에서도

확인할 수 있듯 코소보 평화 정착과 미래를 위한 국제사회의 합의 노력은 결국 실패로 돌아갔고, 이는 2008년 2월 알바니아계의 일방적 독립 선언으로 이어졌다.

코소보 독립 선언의 발표 이후 대두되고 있는 국제사적 양상 두 가지를 분석해 보면 첫째, 국제 역학 구도 상에서 보았을 때 과거 냉전 하에서 보이던 갈등 양상이 다시 재현되고 있다는 점이다. 실제 코소보 문제를 둘러싼 미국과 러시아, 중국 강대국들 간의 갈등으로 인해 코소보 독립에 대한 국제사회의 합의는 매우 어려운 상황이고, UN 등 국제사회의 노력을 무기력하게 만든 주요 배경이 되고 있다.[18] 두 번째, 비록 공식적으로는 독립을 인정하지만 EU 내부적으로 복잡한 상황이 전개되고 있다는 점이다. 그동안 유럽 각국은 각자의 소수 민족 문제 및 난민 문제 해결에 있어 이해를 달리해 왔으며 이는 유럽 국가들이 이 문제에 있어 공통의 목소리를 내지 못하는 배경이 되고 있다 하겠다.

알바니아 민족 문제와 마케도니아 내전

마케도니아에서의 난민 발생 배경 및 문제 해결의 어려움은 마케도니아를 둘러싼 여러 대내외적 요인들이 서로 복잡하게 이어지며 공존하고 있는 데서 기인한다고 볼 수 있다. 실제 여러 자료 분석 등을 통해 확인해 볼 때, 마케도니아 난민 문제의 대외적 요인 중 하나인 알바니아 내란 사태(1997~1998)는 코

코소보 해방군으로부터 압수한 무기들

소보 민족분쟁과 전쟁(1998~1999)으로 인해 야기된 코소보 알바니아인 난민 문제와 밀접하게 이어져 있다. 또 마케도니아 난민 문제의 대내적 요인인 마케도니아 내의 알바니아 소수 민족 문제, 그리고 2001년 마케도니아 내전과도 서로 밀접하게 연계되어 있다고 할 수 있다.

1997년부터 1998년까지 피라미드 금융사기 사건으로 인해 촉발된 알바니아 내란 사태는 알바니아 전역을 한동안 무정부 사태로 이끌었고, 여기서 유출된 수많은 중무장 무기들이 코소보와 마케도니아 내에 거주하고 있던 알바니아 반군들에게 흘러가는 계기를 마련해 주었다. 특히 그 이후 무장이 가능해진 코소보 해방군과 세르비아군, 경찰부대 간의 충돌은 코소보 분쟁과 NATO의 개입으로 이어졌다. 당시 이웃하고 있는 마케도니아 또한 알바니아 소수 민족의 권리 확대와 분리 문제로 위기를 겪고 있었고, 코소보 사태는 분명한 '학습효과'를 제공해 주었다고 할 수 있다. 반면 코소보에서의 알바니아 반군들의 활동과 미국의 반응을 지켜 본 마케도니아 내 알바니아 반군은 다수 거주 지역인 서부 지역에 대한 자치권 확보 및 독립에 대한 희망을 안게 되었다.

마케도니아 난민 문제 발생의 첫 번째 요인이자 대외적 요인으로는 '코소보 내 민족 충돌과 전쟁'을 들 수 있다. 다수 민족 지위를 통한 자치권 확보, 나아가 독립획득이라는 '코소보 학습효과'를 경험한 마케도니아 내 알바니아인들은 높은 출산율과 코소보 사태 이후 넘어온 불법 이주민으로 인해 자신들이 마케도니아 내 인구의 약 40%를 차지하고 있다고 주장한다. 반면 마케도니아 정부는 마케도니아 주민족 외에 총 27개의 소수민족이 거주하고 있으며, 이중 알바니아인은 2004년 기준 총 398,000여 명(19.2%)으로 집계된다고 말한다.[19] 더불어 이러한 학습효과는 마케도니아 정부가 코소보 사태 초기 알바니아 난민 유입을 강하게 거부하는 배경이 되기도 했다.

실제 1999년 3월 23일 시작된 NATO군의 코소보 공습으로 이미 4월 초 전체 200만 코소보 인구 중 약 50만 명에 달하는 대규모 난민이 발생했지만, 이웃하고 있는 알바니아에서만 약 10만 명 정도의 난민 수용 의사를 밝혔다. 당시 EU 회원국들은 4월 7일 열린 룩셈부르크 긴급회의에서 난민 구호를 위한 긴급 자금으로 약 2억 4천 만 유로를 긴급 지원하기로 합의

1999년 당시 코소보에서 나오는 난민 행렬

를 보았지만, 각국 비례에 따른 난민 수용 합의에는 실패했다. 이런 상황 속에서 알바니아 난민을 거의 떠맡게 된 마케도니아 정부는 '코소보 학습효과'에 따라 난민 유입을 막기 위한 국경 폐쇄를 진행하고, 당시 약 4만 5천 명이 수용되어 있던 국경 지역 난민 수용소조차 완전 소개(疏開)한다는 정책을 발표하는 등 알바니아 난민 수용에 대해 민감한 입장을 보였다.

이처럼 코소보의 정정 불안은 이웃한 마케도니아에 정치 불안과 경제적 위기는 물론 대규모 알바니아 난민 문제를 해결해야 하는 임무를 떠안겼다. 실제 당시 전체 약 200만 명의 코소보 인구 중 150만 명(지역 내 난민 약 60만 명/ 해외로 이주한 난민 약 90만 명)의 난민이 발생했으며, 그중 90%는 알바니아계로 추정되고 있다. 더불어 이들 난민 중 당시 약 86만 명의 난민이 이웃 마케도니아와 몬테네그로로 넘어왔고, 마케도니아에는 내전 종결 후 상당 시간이 지난 현재까지도 약 3,500여 명의 난민들이 UNHCR(유엔난민기구)의 보호 아래 남아있는 상황이다.

또 다른 배경으로 두 번째 요인이자 대내적 요인인 알바니아 소수 민족과의 갈등 및 이로 인한 2001년 마케도니아 내전 발생을 들 수 있다. 19세기 민족주의가 발칸유럽에 영향을 미치기 시작한 이후 발칸유럽에는 민족 간 문화갈등과 분쟁이 끊이지 않았다. 이러한 갈등과 분쟁의 요인은 민족주의 도래 당시 서유럽과는 달리 외세 지배 하에 있었던 발칸유럽의 상황과 맞물려 있다. 특히 본 사례 지역인 마케도니아의 경우, 역사적으로 오랫동안 세르비아인, 불가리아인 그리고 그리스인들의 인종·종교적 혼재선 상에 위치해 왔고, 이로 인해 이들 간의 정확한 민족 및 문화 경계의 구분이 모호했다. 따라서 오랫동안 마케도니아 주변 민족들은 각자의 이해에 맞추어 마케도니아 민족 혹은 그 영토를 자신의 이해와 연결시켜 장악하려는 주장과 노력을 계속해왔다.[20] 특히 20세기로 넘어오면서 세르비아의 코소보, 몬테네그로, 마케도니아 등 발칸유럽 내 민족 간의 문화 갈등과 충돌의 한 가운데에는 항상 '대(大) 알바니아주의'로 묘사되는 영토적 확대에 기초한 알바니아 민족주의가 자리해왔다.[21]

정교도인 세르비아인과 몬테네그로인, 마케도니아인과 달리 상당수가 이슬람교도인 알바니아 소수 민족들은 마케도니아의 경우 본토 알바니아와 접해 있는 서부 지역에 주로 거주해 왔으며, 오랜 시간 스코프예(Skopje)를 비롯해 쿠르마노보(Kumanovo), 테토보(Tetovo), 고스티바르(Gostivar), 데바르(Debar), 키체보(Kicevo) 그리고 스투르가(Struga) 등 그들의 거점 지역을 확보해왔다.

1991년 독립국가를 선포한 이래 마케도니아는 역사 정체성 및 국가 상징물을 둘러싸고 그리스 및 주변 국가들과 갈등했으며, 국제사회의 인정에 상당한 어려움을 겪어야만 했다.[22] 국가 정체성 수립 위기에 어려움을 겪어야 했던 마케도니아 정부로서는 알바니아 소수민족이 내걸고 있던 자치권 및 독립 요구에 반대 입장을 표출할 수밖에 없었다.[23]

이러한 알바니아인들의 자치권 및 독립 요구는 1991년 3월

마케도니아를 포함한 발칸유럽 내 알바니아 소수 민족 분포도

마케도니아가 사회주의 유고 연방으로부터 독립을 선언한 직후 시작됐다. 처음 대통령에 오른 키로 글리고로프(Kiro Gligorov, 재임 1991~1999)는 알바니아인과의 민족 갈등을 해소하기 위해 부수상을 비롯한 2개의 장관직에 알바니아인을 임명했지만, 1992년 1월 알바니아인들은 자체 투표를 통해 서부 마케도니아 자치국가 수립을 선포하게 된다. 이어 1993년 11월 마케도니아 정부 전복 및 서부 마케도니아에서는 일리리다(Ilirida) 자치국 건설을 위한 알바니아 무장조직(AAA: All Albanian Army) 결성을 주도한 사건이 발각되었고, 1995년에는 알바니아 비밀단체에 의한 키로 글리고로프 대통령 암살 미수사건이 발생하는 등 갈등과 혼란이 지속되었다. 이런 가운데 코소보 사태 이후 대규모 알바니아 난민 진입이 시도되었고, 2000년에 들어와 코소보로부터 마케도니아 알바니아인에 대한 무기 유입이 확대되면서 알바니아 민족해방군(NLA: the National Liberation Army)과 마케도니아 경찰 간의 무력 충돌이 발생하는 사태에까지 이르게 되었다. 이어 2001년 3월 초 테토보를 수도로 정한 알바니아 해방군들에 의해 내전이 발생하게 된다.

당시 마케도니아 정부군은 알바니아 해방군에 비해 무기와 군사 조직 면에서 매우 열악하고 자체 진압 능력이 부족했다. 따라서 마케도니아는 전통적 전략 지역이었던 이 지역의 특징을 활용해 미국과 NATO 및 러시아의 군사적 참여를 이끌어내고자 했고, 이들 국가들은 곧바로 반군 진압 참여 의사를 밝히게 된다. 마케도니아 정부군과 NATO군 간의 합동작전 속에

러시아의 군사적 지원 약속이 이어졌고, 3월 21일 마케도니아 정부의 반군 진압에 대한 미국의 지지 성명과 알바니아 해방군들의 항복을 권유하는 UN 선언문이 발표되기에 이른다. 3월 22일 마케도니아 정부군이 정한 최후 항복 통첩시간이 임박한 가운데 NATO군은 마케도니아와 코소보 국경 봉쇄를 위한 군사를 증파했고, 23일엔 알바니아 해방군 거점 지역에 대규모 폭격을 이어갔다. 알바니아 해방군과의 공방전이 지속되는 가운데, 5월 12일 마케도니아 정부와 의회는 반군들의 무장 해제를 조건으로, 문제 해결을 위한 거국 내각 구성을 제안했지만 거절되었다. 이어 치열한 군사 충돌 끝에 7월 5일 양측은 마침내 '서부 마케도니아에 대한 자치권 논의와 알바니아 반군의 무장해제'라는 미국과 NATO군의 중재안인 '오흐리드 합의안(Ohrid Agreement)'을 받아들임으로써 내전은 종식된다. 하지만 단기간에 종결된 내전임에도 불구하고 코소보 등 주변 국가들과의 복잡한 연관 고리는 이후 이 지역의 난민 문제를 가속화시키는 배경을 형성했다고 볼 수 있다.

난민 문제 해결을 위한 국제법적 정당성과 적용

난민 문제 해결을 위한 국제법적 정당성 – UNHCR의 목적과 의미

국제사회는 보스니아와 코소보, 마케도니아 등 동유럽 지역에서 발생한 다양한 난민 문제 해결을 위해, 그리고 이들 지역의 영구적인 평화 정착을 위해 여러 평화안 및 결의문을 채택해 적용하고자 노력했다. 난민 구호 및 난민 문제에 대한 국제사회의 법적 근거와 정당성은 대표적인 난민 도움 기구인 UNHCR(the Office of the United Nation High Commissioner of Refugee: 국제연합난민고등판무관사무소, 유엔난민기구)의 목적과 주요 임무를 통해 확인할 수 있는데, UNHCR은 이와 관련해 다른 어느 국제기구에도 주어지지 않은 유일하고도 특별한 책무를 맡고 있는 기구다.

UNHCR 일반 규정에 따른 UNHCR의 목적과 난민 구호의 정당성을 살펴보면, UNHCR은 UN 총회의 권한 하에서 행동하며 UN의 후원 하에 이 규정의 범위 안에 속하는 난민에 대해 국제적인 보호와 원조를 제공한다고 밝히고 있다. 더불어 UNHCR은 불가피하게 발생한 난민들의 자발적인 본국 귀환 또는 새로운 국내 공동체 내에서의 동화를 실현하기 위해 각국 정부를 지원하고, 관련국 정부의 승인 하에 민간단체를 지원함으로써 난민 문제의 영구적 해결을 모색하는 임무를 수행한다고 밝히고 있다.[24] 또 UNHCR의 임무는 전적으로 비(非)정치적 성격을 지니고 있으며, 그 임무는 일반적으로 난민 집단 및 난민의 범주에 속하는 자들과 관계되는 인도·사회적 성격을 지니고 있다.

UNHCR의 난민구호를 위한 법적 근거는 '1951년 7월 난민 지위에 관한 협약(제네바 난민협약)'과 이를 보완한 '1967년 1월 난민지위에 관한 의정서(뉴욕의정서)'에 기초하고 있다. 이들 협약과 의정서는 난민에 관한 국가행동을 규율하는 주요한 국제법문서로서 우선적으로 체약국에 대해 난민 보호를 위한 기본적인 법적·행정적 규정을 채택할 것

UNHCR의 로고

을 요구한다. 그리고 이를 기초로 UNHCR은 소위 이러한 원칙의 적용을 감독하고, 체약국으로 하여금 협약과 의정서를 채택하도록 촉구하며 국제 조약 하에서 체약국의 의무를 수행할 수 있도록 지원·조정하는 역할을 담당하고 있다. 특히 1951년 맺어진 제네바 난민 협약의 제33조인 '추방 및 송환의 금지'는 난민 지위 및 구호를 위한 가장 중요한 조항 중 하나로, 이른바 '일방적인 송환금지(non-refoulment)'를 분명히 하고 있다. 즉, 난민의 자유에 대한 위협이 조금이라도 남아있는 경우, 당사자의 의사에 반해 본국으로의 추방이나 송환을 금지한다는 점이 명시되어 있는 것이다. 이와 더불어 제네바 협약의 제1C-(5)조는 '난민의 지위 종료를 결정하기 위해서는 난민들이 떠나온 본국에서의 정치·경제·사회적 상황이 긍정적으로 변화했다는 근본적이고 안정적이며 지속적이고 효과적인 증거를 제시해야 한다'고 밝히고 있다.[25]

UNHCR이 규정한 난민의 정의 및 보호 대상은 1951년 7월 제네바에서 체결된 '난민 지위에 관한 협약'의 제1장 제1조 A항에 근거를 두고 있는데, 여기서 난민이라 함은 '인종, 종교, 국적 또는 정치적 의견을 달리한다는 이유로 해당 국가와 단체로부터 박해를 받을 우려와 공포에 처해 있어 자신의 국적국 밖에 있는 자로서, 국적국의 보호를 받을 수 없거나 또는 그러한 공포로 인해 혹은 개인적인 사정 이외의 이유로 인해 국적국의 보호를 받는 것을 원치 않는 자'로 규정되어 있다. 또 '종전의 상주국 밖에 있는 무(無)국적자로서, 상주국으로 돌아갈 수 없거나 또는 그러한 공포로 인해 혹은 개인적인 사정 이외의 이유로 인해 상주국으로 돌아가는 것을 원치 않는 사람들'도 이 범주에 포함돼 있다.[26]

이런 점에서 볼 때 이 책의 주요 사례인 동유럽 민족분쟁 중 유고 내전과 보스니아 내전, 코소보 전쟁과 마케도니아 내전 등을 통해 발생한 난민들의 사례는 이에 부합한다고 볼 수 있으며, 이에 따른 난민 구호의 법적 정당성 또한 부여된다고 할 수 있다.

제2차 세계대전 이후 발생한 대량 난민 문제를 해결하고, 이들에 대한 법적 지위를 보장해 주기 위해 수립된 UNHCR의 임무는 시대적 상황과 국제 정치적 환경에 따라 조금씩 변화해 왔다. 초기 UNHCR의 임무는 자신의 국적국 밖에 있는 사람들을 본국으로 귀환시키는 것에 초점을 맞추는 등 그 대상과 임무가 제한되어 있었다. 하지만 20세기 말 냉전 체제가 무너진 이후 급변해가는 국제 역학 구도 내에서 세계 곳곳에서 다양한 형태의 민족·문화 간 충돌과 분쟁이 발생하고, 세계적 기후변화에 따른 여러 재앙이 급격하게 대두되는 양상을 보임에 따라 난민 정의 및 구제에 대해 보다 다양한 형태의 대상과 임무가 확대·개편되어야만 했다. 즉, 이후 여러 가지 원인이 복합된 천재지변이나 국내 사정에 따른 인권유린으로부터 피신해 오는 사람들을 난민 지위 심사과정을 거쳐 난민으로 인정해주는 작업 또한 그들의 임무 범주에 들어가기 시작했다고 할 수 있다.

UNHCR의 활동 모습

다시 말해 20세기 말에 들어와 UNHCR의 임무는 과거 단순한 형태의 난민 규정과 구호에서 벗어나, 다양한 이유로 발생한 이들 실향민에 대한 물질적·경제적 제공은 물론 본국에 돌아간 난민 귀환자의 원조와 보호까지 포함하게 됨으로써 보다 포괄적 범위로 확대되었다고 할 수 있다. 특히 이 책의 주요 사례인 보스니아와 이후 코소보, 마케도니아에서 발생한 대규모 난민 문제의 경우처럼 UN의 요청과 결의에 따라 UNHCR은 국경선을 넘지 않았지만 국내에서 난민과 유사한 상황에 처하게 된(in a refugee-like situation) 국내실향민(internally displaced people)의 특정 집단을 보호하고, 이들을 경제·사회적으로 원조하는 임무까지 그 범위를 확대했으며, 현재 이러한 임무의 폭 또한 점차 확대되고 있는 상황이라 하겠다.

이를 기초로 UNHCR의 난민 문제 해결을 위한 접근방식을 분석해 보면 다음과 같이 크게 세 가지 형태로 분류해 볼 수 있다. 첫째, 국제사회 및 UNHCR에서 가장 선호하는 해결책으로 '자발적 본국 귀환(voluntary repatriation)'을 들 수 있다. 하지만 이러한 방식은 다소 적용이 어려운 경우가 있는데, 특히 민족·문화적으로 복잡하게 구성되어 있던 보스니아의 경우 국제사회가 민족 간 대이동을 전제로 내전 중 제시한 '벤스-오웬안'[27]에 의해 수많은 이재민과 난민들을 낳음으로써 실제 그 적용이 거의 불가능하다 할 수 있다. 또 보스니아 내전을 종식시킨 데이턴 합의안에 따라 형성된 1국가 2체제 하에서 대규모 민족 이동이 이루어졌는데, 이러한 경우를 통해 볼 때도 이 방식은 큰 호응을 받지 못했다고 볼 수 있다. 이처럼 본국의 정세와 경제적 상황이 안전하지 못하다 판단될 경우 이러한 해결 방식은 쉽게 적용되기 어렵다는 단점을 안고 있는 게 사실이다. 따라서 이 해결 방식의 성공을 위해서는 무엇보다 본국의 안정이 우선시되어야 하며, 이를 위한 국제사회의 지원과 감시, 그리고 그 토대가 보다 분명히 구축되어 있어야 한다고 할 수 있다.

두 번째로 '제1차 비호국(庇護國)에서의 영구정착(local settlement)'이라는 해결책을 들 수 있다. 이러한 접근 방식의 견고하고도 최종적인 해결을 위해서는 무엇보다 이들 난민들이 거주하고 있는 비호국에서 경제·사회적으로 진정한 생존과 자립이 가능한지의 여부가 매우 중요한 요소라 할 수 있다. 더불어 이들 비호국이 진정 이들 난민들을 수용하고, 자신들의 국가에서 영구 정착하도록 허락하고 지원해 줄 수 있느냐는 문제에 부딪힌다. 과거 UNHCR에서는 이를 기초로 하여 동유럽 지역에서 민족 간 충돌과 내전이 발생하던 초기, 한동안 보스니아와 코소보, 마케도니아에서 발생한 난민들을 인근 국가인 세르비아와 크로아티아, 슬로베니아, 헝가리, 그리스, 불가리아 등에서 수용하도록 유도하였다. 하지만 실제 수용에 있어서는 주변국의 경제적 어려움과 새로운 난민 수용에 따른 사회적 혼란 등 현실적 이유로 인해 그리 큰 호응을 얻지 못했다. 실례로 보스니아 내전의 가장 큰 희생자였던 보스니아 무슬림의 경우, 내전 초기엔 이슬람이라는 종교적 이유로 주변 어느 국가에서도 수용을 허락하지 않아 어려움을 겪었다. 또 코소보 민족 갈등과 전쟁에서 발생한 알바니아 난민의 경우 또한 마찬가지다. 가장 많은 난민들이 집결했던 마케도니아 국경에서는 마케도니아 정부가 난민 유입 초기에 한동안 국경 전역을 통제하는 등 난민 수용에 매우 소극적인 자세를 보임에 따라 난민 문제 해결에 어려움을 겪었다. 즉, 과거 사례를 통해 볼 때 난민 문제가 발생할 경우 이들 난민들은 가장 인근 국가들로 제1차 비호국을 정하는 게 대다수인데 반해, 난민들을 수용해주어야 하는 주변국인 이들 비호국들은 민족적·문화적·사회적 이유, 그리고 무엇보다도 여러 역사적 배경에 따른 이유로 난민 수용과 문제 해결에 적극적이지 않았다. 대부분의 주변 국가들은 난민들의 제1차 비호국이 되었음에도 불구하고 여러 역사적 고리를 고려할 때 난민들이 자국에 영구적으로 정착하는 데 대해 보다 강력하게 반발할 수밖에 없는 것이다. 따라서 UNHCR의 고민은 컸다고 할 수 있으며, 이러한 점이 바로 동유럽 난민 문제에 '제1차 비호국에서의 영구정착'이라는 해결책을 적용하는 데 가장 큰 걸림돌이 되었다고 할 수 있다.

마지막 세 번째로 '제3국으로의 재정착(resettlement)'을 들 수 있다. 이 해결 방안은 앞에서 언급한 제1차 비호국 국가들의 난민 수용 어려움과 영구정착에 대한 거부를 어느 정도 해소시켜줄 수 있다는 점, 그리고 난민 문제 해결의 다양한 접근 방식이란 측면에서 실질적인 도움을 줄 수 있다는 점에서 다소 긍정적인 대응책이라 평가할 수 있다. 다만 과거 사례를 통해 볼 때 이들 난민 대부분이 주로 선진국 등 경제·사회적으로 부유한 국가로의 망명과 재정착을 고집하고, 이들 선진 국가에서는 여러 사회적인 이유를 들어 대량 난민 수용에 대해 그리 긍정적인 입장을 보이지 못한다는 점이 걸림돌이다. 실제 이 책의 주요 사례인 보스니아 및 코소보, 마케도니아에서 일어난 민족 간 충돌과 학살, 민족 대(大)이동에 따라 발생한 대량 난민들중 상당수가 제3국으로의 재정착을 희망했는데, 그중 대부분이 독일, 프랑스를 비롯한 유럽 선진국으로의 재정착을 선호했다. 하지만 이 또한 서유럽 선진 국가의 대규모 난민 수용에 대한 반발, 그리고 이민자 문제를 둘러싼 자국 내 정치적 상황이 결부되면서 난민 문제 해결에 여러 어려움을 안겨주었다.

이처럼 UNHCR이 선호하는 다양한 형태의 난민 문제 해결책이 각 요소별로 여러 난관과 장애물에 부딪힘에 따라 국제적 난민 문제 해결의 책무를 맡고 있는 UNHCR의 고충은 더욱 커지게 되었다. 따라서 UNHCR의 난민 문제 해결 어려움을 해소하고, 유럽 내에서 발생한 난민 및 인권 문제를 우선적으로 책임져야 하는 EU의 고민이 서로 일치하게 되면서 새로운 대응 전략이 수립됐다고 할 수 있다. 이에 대해서는 본 책의 제4장에서 자세히 언급하기로 한다.

보스니아 난민 문제 해결의 국제법적 적용 – 데이턴 합의안

대표적인 난민 국제기구인 UNHCR의 목적 및 설립 법적 근거를 토대로, 보스니아에서의 난민 문제 해결을 위한 국제사회의 법적 정당성은 '데이턴 합의안'의 특징과 내용을 통해 확인할 수 있다. 우선 유고 내전과 보스니아 내전의 경우, 이 지역 내에서 발생한 난민 문제 발생과 그 해결 방안을 이해하기 위해서는 이들 내전을 종식시킨 '데이턴 합의안'과 이를 전후로 맺어진 일련의 UN 결의문에 대한 이해가 필요하다.

데이턴 합의안은 미국의 우세한 군사력과 국가적 힘을 중심으로 '선공격 후협상'이라는 '현실주의적 전략 접근'에 기초한 국제 분쟁 해결 및 외교 전략이라는 특징을 지니고 있다. 이 합의안에는 장기간 내전을 겪은 이후 유고 지역 및 보스니아의 평화와 민족 문제 해결 그리고 난민 문제 등 인권 보호를 위한 기초적인 항목들이 들어가 있다. 데이턴 합의안은 1995년 9월

26일 뉴욕 UN 본부에서 개최된 '뉴욕회담'에 기초를 두고 있으며 '정치적 민족주의'에 입각해 '민족 간 조화를 이룬 다(多)민족 국가 수립'을 기본 목표로 한다. 이에 따라 보스니아는 제1단계 '정전준수', 제2단계 '내전, 무장 세력의 분리', 제3단계 '보스니아 총선을 통한 1국가 2체제 수립', 마지막으로 제4단계인 '통합된 다민족 보스니아 독립국가 수립'을 목표로 하고 있는데, 현재 제3단계 과정을 거치고 있다. 사라예보를 전체 공화국의 수도로 정해 놓고 있는 보스니아는 51%의 영토를 차지하는 '보스니아-헤르체고비나 연방(보스니아 무슬림과 크로아티아계 연합)'과 49%의 영토를 차지하는 '스르프스카(Srpska) 공화국(세르비아계)'으로 이루어진 1국가 2체제로 구성되어 있다.

1995년 12월 14일, 파리에서 '보스니아-헤르체고비나 평화를 위한 기본틀 협약(GFAP: General Framework Agreement for Peace in Bosnia and Herzegovina)' 또는 '파리 의정서(Paris Protocol)'라는 공식 명칭으로 명명된 데이턴 합의안은 포괄문서 1개와 11개 부록 그리고 102개의 부칙으로 구성되어 있다. 데이턴 합의안의 내용은 그 내용과 특징에 따라 ①군사안보 ②영토 문제 ③보스니아 헌법구조 ④인권, 피난처, 전쟁 범죄에 관한 문제 ⑤민주주의 정착을 위한 시민 양성 등 크게 5개 분야로 나누어 분석해 볼 수 있다: 이 책은 유고 및 보스니아 내전에서의 난민 문제 및 난민 구호의 법적 정당성을 소개하는 데 취지를 두었으므로 네 번째 분야인 '인권, 피난처, 전쟁 범죄에 관한 문제'와 다섯 번째 분야인 '민주주의 정착을 위한 시민 양성'을 중심으

로 그 내용 및 이행 현황을 소개하고자 한다.[28]

이중 네 번째 분야인 '인권, 피난처, 전쟁 범죄에 관한 문제'는 데이턴 합의안의 '부록 제5, 중재안에 관한 합의(Agreement on Arbitration)' '부록 제6, 인권에 관한 합의(Agreement on Human Rights)' '부록 제7, 유민과 피난민에 관한 합의(Agreement on Refugees and Displaced Persons)' 등의 항목에 그 내용이 담겨 있다.

'부록 제5, 중재안에 관한 합의'에는 보스니아의 영구적인 평화 정착을 위한 토대 구축과 난민 발생의 근원을 제거하기 위한 작업 등이 수록되어 있다. 이 내용을 통해 볼 때 보스니아-헤르체고비나 연방과 스르프스카 공화국은 1995년 9월 8일 당시 보스니아, 세르비아, 크로아티아 공화국과 이후 스르프스카 공화국이 합의한 '전범 처리와 관련한 제네바에서의 기본 원칙을 준수할 것' 등을 약속하고 있다. 이에 따라 보스니아 내전 당시 전범과 관련된 인사는 어느 누구도 정치활동에 참여할 수 없게 됐으며, 보스니아 내 각 민족 계파들은 모든 면에 있어 전범 기소와 협력에 동의한다고 약속했다. '부록 제6, 인권에 관한 합의'의 내용을 살펴보면 '(난민을 포함해) 모든 보스니아 민족들의 삶과 교육, 표현, 재산, 거주 및 이동 등 인간의 기본권에 대한 자유를 보장하고, 이를 실천하기 위해 인권위원회(Commission on Human Rights)를 설립하며, 인권위원회는 인권옹호부(Office of the Ombudsman)와 인권회의소(Human Rights Chamber)로 구성된다'는 내용이 언급되어 있다. 특히 난민 문제 해결과 관련해서는 '부록 제7, 유민과 피난민에 관한 합의'에 그 내용이 잘 나와 있다. 여기에는 '모든 유민과 피난민은 자유롭게 자신의 고향으로 돌아갈 권리를 지니며, 각 체제와 지방정부(보스니아-헤르체고비나 연방, 스르프스카 공화국)는 이를 지원해야 할 의무가 있다'라고 분명히 명시되어 있다. 그리고 이를 위해 보스니아 중앙정부는 독립기관으로 '유민과 피난민을 위한 위원회 (Commission for Displaced Persons and Refugees)를 설립하고, 그 본부를 사라예보에 두며 보스니아 중앙은행에 유민과 피난민을 위한 기금을 설립해 원만한 정착을 돕는다'는 내용 등이 담겨 있다.

그 이행 현황을 살펴보면, 우선 1993년 UN 안보리는 '결의안 제827호(UNSCR 827)'를 통해 네덜란드 헤이그에 과거 유고 지역에서 발생한 각종 전쟁 범죄와 인종 학살 책임자를 처벌하기 위한 특별법정인 '국제 구(舊)유고 전범재판소(ICTY: International Criminal Tribunal for the former Yugoslavia)'를 설치하기로 합의하였고, 데이턴 합의안은 이러한 안보리 결정을 근거로 전범처리 문제를 진행하고 있음을 확인할 수 있다. 그리고 데이턴 합의안에 따라 1995년 12월 7일 부다페스트에서 개최된 OSCE(유럽안보협력기구, Organization for Security and Cooperation in Europe) 외무장관회의 결과, 보스니아 경제재건 및 난민 문제 해소 지원을 위한 감시단 창설이 결정된다. 같은 해 12월 8일 런던에서는 전 세계 44개국과 10개의 국제기구가 참석한 가운데 난민 문제 해결을 포함한 인도주의, 선거, 전후 복구 문제를 협의할 런던 문서가 채택되었고, 보스니아 복구 자금으로 3년간

49억 달러를 지원하기로 결의했다. 인도주의 및 난민 문제 해결을 위한 당시의 지원 약속은 현재에도 계속 진행되고 있음을 확인할 수 있다.

데이턴 합의안의 네 번째 분야인 '인권, 피난처, 전쟁 범죄에 관한 문제'가 난민 문제 해결 및 평화 정착을 위한 토대를 구축하기 위한 것이라면, 다섯째 분야인 '민주주의 정착을 위한 시민 양성'은 난민 문제의 재발 방지와 이 지역에서의 영구적인 평화 정착을 위한 기둥을 세우는 작업이라 할 수 있다. 실제 데이턴 합의안이 성공하고, 보스니아 내 평화의 지속과 안정적 발전, 난민 문제의 완전한 해소를 위해서는 민주 선거의 성공을 통한 민주주의 정착과 민주시민 양성이 절대적으로 필요하다. 그리고 이에 대한 내용은 평화협정의 부록 제3, 그리고 부록 제8부터 제11까지의 항목에 자세히 수록되어 있다.

그 내용을 살펴보자. 우선 '부록 제3, 선거에 관한 합의 (Agreement on Elections)'는 '민주주의 정착을 위해 유럽안보협력기구를 중심으로 한 국제 감독하의 자유민주주의 선거를 매 4년마다 실시한다. 그 내용은 보스니아 공화국 대통령 3인과 공화국 의원, 보스니아 무슬림과 크로아티아계가 연합한 보스니아-헤르체고비나 연방의 대통령 2인(정통령, 부통령)과 의원, 세르비아계의 스르프스카 공화국 대통령과 의원을 뽑는다'는 내용이다. 그리고 '부록 제8, 기념물 보존 위원회에 관한 합의(Agreement on Commission to preserve National Monuments)'는 '보스니아 내 민족들은 자신들의 후대가 향후 내전의 참상과 민족분쟁의 아픔,

고통스러운 난민 문제를 다시 겪지 않도록 그리고 이를 위한 민족 간 화해와 공존의 역사를 배우라는 교육 차원에서 역사적 현장에 대한 기념물 보존과 파괴된 유산을 재건하는 위원회를 사라예보에 설치하기로 합의하였다'는 내용이다. 실제 이러한 작업의 일환으로 2004년 7월, 유네스코의 지원 하에 보스니아 무슬림과 크로아티아계 간의 공존과 화해를 상징하는 '모스타르 다리(Old Bridge Area of the Old City of Mostar)'를 재건하면서 대규모 행사를 거행하기도 했다.[29] 이와 함께 '부록 제9, 보스니아 공사(公社) 설립에 관한 합의(Agreement on Establishment of Bosnia-Herzegovina Public Corporations)'를 통해 '보스니아 경제 재건에 필요한 중요한 인프라와 수송 등 기간 시설 재건을 위해 공사를 설립할 것'을 약속하였고 '부록 제10, 민간 이행에 관한 합의(Agreement on Civilian Implementation)'에서는 '보스니아-헤르체고비나 연방과 스르프스카 공화국은 가능한 한 인도적 지원, 경제 재건과 인프라 구축, 정치와 헌법적 제도 구축 등을 포함한 넓은 의미의 차원에서 난민 문제 해소 및 평화 정착으로의 민간 분야 이행에 동의한다'는 내용에 합의하고 있다. 마지막으로 보스니아의 안정적 치안과 질서 수립을 위한 조치로 '부록 제11, 국제경찰력에 관한 합의(Agreement on International Police Force)'를 통해 'UN 국제경찰 특수부대(IPTF: International Police Task Force)를 창설하고, UN은 이들에게 UN 원조 하의 국제경찰 임무를 부여하며 이를 위한 훈련을 제공한다'는 내용에도 합의하고 있다.[30]

이러한 항목들 가운데 현재 난민 문제와 관련해 가장 첨예한 문제로 대두되고 있는 사항은 바로 '부록 제3, 선거에 관한 합의'라 할 수 있을 것이다. 보스니아 내전을 종결시킨 데이턴 평화 협정의 최종 목표는 '1국가 1체제'라는 다민족 국가 건설에 있으며, 이러한 목표를 실현하기 위해 UN은 1996년 9월 임시 총선 이후, 1998년부터 매 4년마다 총선거를 시행해 오고 있다. 선거는 전체 공화국의 대통령과 행정 그리고 의회에 대해, 그리고 역시 각 체제의 대통령과 행정 그리고 의회에 대해 치러지고 있다.[31] 보스니아의 안정과 평화의 지속성 그리고 난민 문제 재발 방지를 위해서라도 민주주의 시민 양성은 절대적으로 필요한 요소이며 이를 위해선 민주 선거를 통한 결과가 전제되어야 한다. 더불어 민주 선거의 성공과 민주주의 시민 양성은 이 지역 민족들 사이에 팽배해 있는 요소, 즉 민족분쟁의 주요 요인 중 하나인 '문화적 민족주의' 성향을 약화시키고, 보스니아 내 민족들에게 '정치적 민족주의' 의식 확산과 이를 통한 '정치적 민족 국가(Political Nation-State)' 의식을 심어줄 수 있다는 측면에서 매우 중요하다 하겠다. 하지만 다민족화된 단일 보스니아로의 통합을 희망하는 미국과 서유럽의 바람과 달리, 매 총선 때마다 여러 불법 선거의 문제점이 계속해서 제기되고 있고, 총선을 통해 민족 계파별로 선출된 인물 대부분이 강력한 민족주의자들이라는 점에서 심각한 문제들이 대두되고 있다. 더불어 현재까지 계속된 총선 과정과 그 결과를 살펴볼 때, 국제사회의 바람은 아직 단순한 희망에 불과한 것처럼 보인다.

특히 매 선거전에서 자행되고 있는 대표적인 불법 양상으로 데이턴 합의안의 제3단계인 '1국가 2체제' 구성에 따라 불가피하게 형성되어 있는 난민과 유민들의 선거권 위협 및 선거 정보 기회의 박탈을 들 수 있다. 이러한 현상은 특히 1996년 임시 총선에서 가장 심하게 나타났다. 당시 보스니아 내 290만 유권자 중 64만 여 명이 난민으로 국외에 체류 중이었고, 5만 여 명은 과거 살던 지역으로 돌아가 투표를 해야 했다. 하지만 실제 이들 대부분은 자신의 투표권을 제대로 행사하지 못했다. 현재 유민과 피난민을 위한 위원회에서는 '민주 선거를 위해 정당과 후보자는 선거관리위원회의 규정에 따를 것, 적대적인 선전을 자제할 것, 투표 참여율을 높이도록 종용할 것, 타 후보의 선전물을 훼손하지 말 것, 타 민족이 본인의 거주지로 가서 투표할 때 이를 방해하지 말 것' 등을 강조하고 있지만, 역대 선거들의 양상을 통해 볼 때 이러한 요구는 제대로 지켜지기 쉽지 않다.

그 배경으로 첫째, 내전의 여파로 고향을 떠나게 된 난민들과 1국가 2체제 수립에 따라 다른 민족의 영향 하에 있게 된 유민들은 부재자 투표를 해야 하지만, 이들 중 상당수는 공포와 두려움으로 인해 자신의 고향으로 돌아가지 못할 뿐만 아니라 선거 후보에 대한 적절한 정보도 제공되지 않았다. 두 번째로 타 민족 체제 하에서 거주하고 있는 유민들의 경우, 자신의 거주지에서 총선과 부재자 투표를 통해 자신의 민족성이 밝혀

지고, 투표 참여로 인한 배척을 매우 우려하고 있는 것이다. 실제 2006년에 치러진 제3차 보스니아 총선에서도 이러한 양상은 그대로 재현되었는데, 스르프스카 공화국 내에 거주하고 있는 보스니아 무슬림과 크로아티아인 26만 명 중 단지 10만 여 명이 투표에 참여했고, 보스니아-헤르체고비나 연방 내 세르비아인들은 12만 여 명 중 약 9만 8천 명이 투표에 참여했다. 부재자로 등록하지 않은 15만 여 명 중 과거 자신의 거주지로 가서 투표한 사람은 불과 1만 4천 여 명에 불과했다.[32]

앞의 분석에서 보는 것처럼 오늘날 보스니아는 데이턴 합의안의 최종 목적지인 다민족·다문화 된 1국가 1체제를 향해 가는 과정 속에서 정치·사회적으로, 또 경제적으로 다소 어려움과 고통을 겪고 있다. 하지만 난민 문제 해소와 평화 정착이라는 측면에서 봤을 때, 비록 완전한 평화 구축은 아닐지라도 1995년 이후 현재까지 지속되고 있는 보스니아에서의 평화 정착, 그리고 국제사회의 관심과 지원은 보스니아의 난민 감소와 문제 해결에 매우 긍정적인 면을 보여주고 있다 할 수 있다. 특히 다음에 전개될 코소보와 마케도니아 난민 문제 해결 상황과 이를 비교해 본다면 보다 흥미로운 사실과 차이점을 발견할 수 있을 것이다.

코소보와 마케도니아 난민 문제 해결의 국제법적 적용
– 'UNSCR 1244'와 '오흐리드 합의안'

앞에서 언급한 것처럼 난민 구호 및 난민 문제에 대한 국제사회의 법적 근거와 정당성은 대표적 난민 도움 기구인 UNHCR의 목적과 임무를 통해 확인할 수 있다. UNHCR은 UN 총회의 권한 하에서 행동하며, UN의 후원 하에 이 규정의 범위 안에 속하는 난민에 대해 국제적인 보호와 원조를 제공한다. 또 난민의 자발적인 본국 귀환 또는 새로운 국내공동체 내에서의 동화를 실현하기 위해 각국 정부를 지원하고, 관련국 정부의 승인 하에 민간단체를 지원함으로써 난민 문제의 영구적 해결을 모색하는 임무를 수행한다고 밝히고 있다. UNHCR의 임무는 전적으로 비정치적 성격을 띠며, 그 임무는 일반적으로 난민 집단 및 난민의 범주에 속하는 자들과 관계되는 인도·사회적 성격을 지니고 있다.[33]

이를 토대로 봤을 때 코소보와 마케도니아에서 난민 문제 해결을 위한 국제사회의 법적 정당성은 코소보 민족 갈등과 코소보 전쟁을 해결하기 위해 UN에서 제시한 'UNSCR 1244'와 마케도니아 내전을 종식시키고자 했던 미국과 NATO의 중재안인 '오흐리드 합의안'에 기초하고 있음을 확인할 수 있다.

우선 코소보 및 마케도니아 난민 문제 발생 배경의 첫 번째 요인으로 1998년 코소보에서의 민족분쟁 격화와 1999년 코소보 전쟁을 들 수 있다. 따라서 코소보와 마케도니아에서의 알바니아 난민 문제 발생과 그 해결방안을 이해하기 위해서는 1999년 코소보 전쟁을 종식시킨 'UNSCR 1244'의 내용 파악과 이와 관련한 여러 결의 내용의 분석이 필요하다.

'UNSCR 1244'로 불리는 코소보 평화협정은 21개 실행 항목을 담은 '포괄문서 1개', 1999년 5월 6일 피터스버그 센터(Petersberg Centre)에서 열린 미국과 러시아 등 G8 외무부 장관 회의 결과를 담은 '부록 1'[34], UN 안보리와 세르비아 간에 합의된 코소보 위기 해결을 이끄는 원칙들을 세부적으로 설명해 놓은 '부록 2', 그리고 1999년 6월 9일 코소보 국제 평화군인 KFOR(Kosovo Force)와 세르비아 공화국, 유고 연방 정부 간에 맺은 '군사 기술 협정(MTA: Military-Technical Agreement)'의 주요 내용과 시행 세칙 등으로 구성되어 있다.[35] 또 'UNSCR 1244'는 과거 코소보 평화 협정을 체결하기 위해 노력했던 국제사회의 여러 결의, 즉 1998년 3월 31일의 'UNSCR 1160 결의', 1998년 9월 23일의 'UNSCR 1199 결의', 1998년 10월 24일의 'UNSCR 1203 결의' 그리고 1999년 5월 14일 'UNSCR 1239 결의'를 주요 바탕으로 형성되었다.

코소보 평화 협정인 'UNSCR 1244'의 주요 내용을 토대로 국제사회의 개입 및 코소보 난민 문제의 국제법적 정당성을 분석해 보면 그 내용과 현재 진행 상황에 따라 크게 세 개의 분야로 나눌 수 있는데 첫째, 국제사회 개입의 당위성 부여, 둘째, 평화 정착을 위한 정치적 해결 그리고 셋째, 코소보 최종 지위에 관한 문제 등으로 나누어 볼 수 있다.[36]

첫째, '국제사회 개입의 당위성 부여'라는 측면은 'UNSCR 1244'의 포괄문서 제5항부터 11항에 자세히 언급되어 있다. 여기에는 무엇보다도 이웃한 마케도니아 등 여러 지역으로 흩어진 코소보 피난민과 난민들의 안전하고도 자유로운 귀환을 보장하고, 코소보 내 비극적 인권 상황을 개선하기 위해 'UN 헌장 제7장'에 따라 국제평화 유지군이 코소보 사태에 개입했음을 분명히 하고 있다. 실제 'UN 헌장 제7장'에는 '국제 평화와 안보를 위협할 경우 국제기구 혹은 강제력을 지닌 국제 평화유지군을 조직할 수 있다'는 내용이 포함되어 있으며, 코소보 평화협정을 만들면서 미국 등 NATO는 코소보 전쟁에 대한 국제사회 개입의 정당성을 이곳에서 찾고 있다. UN 안보리는 포괄문서 전문을 통해 1999년 3월부터 6월까지 일어난 코소보 전쟁 발발에 관한 모든 책임이 과거 유고 정부가 UN의 여러 결의를 무시해서 일어난 것임을 분명히 밝히고 있다. 즉, UN은 코소보 내 대규모 인권 개선 및 그 해결을 위해 결정한 앞서의 UN의 여러 결의들, 다시 말해 '유고는 모든 피난민들에게 안전하고 자유로운 귀환 루트 및 안전망을 제공하라'는 결의안이 완전히 준수되지 못한 것에 대한 깊은 유감을 드러내고 있다. 또 UN은 그동안 유고 정부가 자행한 코소보 알바니아인들에 대한 폭력과 테러 행위에 대해 강력 비난하면서 1999년 4월 9일 UN 안보리 사무총장이 낭독한 내용, 즉 "코소보에서 자행되고 있는 인권의 비극적 상황을 해결하고, 코소보 난민들이 안전하게 고향으로 귀환할 수 있는 권리를 찾아주어야 한다"는 결의 내용과 함께 '구(舊)유고 국제 사법 재판소'의 판결과 결정을 평화 협정 전문에 분명히 상기시켰고, 이로써 코소보 평화 해결을 위한 국제사회 개입의 정당성을 역설하고 있다.[37]

둘째, '평화 정착을 위한 정치적 해결' 논의를 살펴보면 'UNSCR 1244'에는 피난민들의 안전한 귀환과 원조를 담당할 국제기구 및 민간단체의 코소보 진입을 도와줄 것 등이 명시되어 있다. 특히 포괄문서 제12항과 제13항에 따라 UN은 유고 정부에게 국제 원조의 빠르고 효율적인 수송을 맡고 있는 기관들과 협조하고, 인권 원조 단체들의 코소보로의 신속한 진입을 허락해 줄 것, 그리고 유고 정부가 이들 인권 보호 기구에 협조할 것을 요구하면서 코소보 전역과 마케도니아 등 여러 타국으로 피난한 피난민들과 이재민들의 안전한 귀환뿐만 아니라 이들이 추후 코소보의 경제·사회적 재건에 기여하는 방안을 강구하도록 부록 2의 제4항과 제7항에 명시해 놓고 있다. 또 여기서는 모든 피난민들과 이재민들의 안전한 귀향을 NATO와 함께하는 국제 보안부대가 돕도록 하고 있고, 이들 부대에게 코소보 내 모든 민간인들의 안정된 환경을 수립하기 위한 통제와 권위를 부여해 줄 것을 요구하고 있다. 더불어 UNHCR의 감독 아래 모든 피난민과 이재민의 안전하고도 자유로운 귀환이 이루어져야 하며, 인권 지원 단체가 코소보로 접근할 시 방해받지 않아야 한다는 점을 분명히 하고 있다.

또 코소보 내 알바니아인과 세르비아인의 화해와 화합 그리고 코소보의 정치, 경제, 사회의 미래 발전 추구를 명시하고 있는데, UN은 포괄문서 제14항을 통해 유고 정부에게 전범 처리를 위한 ICTY와의 협조 강화와 함께 국제 보안부대를 포함한 모든 분야에서 완전한 협조를 이룰 것을 요구하고 있다. 아

울러 제17항에선 코소보 지역을 둘러싼 주변 국가들과의 관계를 중시해 코소보의 민주주의 증대, 경제적 번영과 안정 그리고 지역 간 협력을 이루기 위해 국제적 참여가 확장된 '남동부유럽의 안정화 협정(a Stability Pact of South Eastern Europe)'의 이행을 포함시키고 있으며, 코소보 위기에 영향을 받을 수 있는 남동부유럽(발칸유럽) 주변 국가들의 경제적 발전과 안정화를 위해 EU와 다른 국제기구들이 협조할 것을 언급하고 있다.[38]

셋째, 미래 코소보의 안정과 난민 문제의 최종 해결을 위한 '코소보 최종 지위에 관한 문제'에 있어서는 'UNSCR 1244' 포괄문서 전문에서 밝히고 있는 바와 같이 1999년 5월 6일 피터스버그 센터에서 G8 외무부 장관들이 채택한 'UNSCR 1999/516'과 유고 정부가 1999년 6월 2일 베오그라드에서 받아들인 'UNSCR 1999/649'의 원칙에 기초하고 있음을 밝히고 있다. 하지만 여기서 1975년 제2차 세계대전 이후 수립된 유럽 내 현 국경선을 존중한다는 내용을 담고 있는 '헬싱키 조약(Helsinki Final Act)'의 내용을 상기시키며, 유고 연방과 이해 지역(Interest sphere)내 영토권 보존에 대해 모든 UN 회원국들의 약속을 재차 단언하고 있고, 동시에 역설적이게도 코소보의 의미심장한 자치 행정과 실질적인 자치 및 미래 독립국가를 위한 과거의 결의들을 재확인시켜 주고 있다.[39] 하지만 코소보 평화를 담고 있는 당시 UN 결의안의 진정한 뜻이 유고의 이해 지역에 대한 영토 주권을 보장해 준다는 의미인지, 아니면 코소보의 자치 정부 구성을 지원한 후 독립으로의 길을 인정해 준다는 의미인지 매우 모호하게 정리되어 있다는 점에서 2008년 2월 코소보의 일방적 독립 선언 이후 이를 두고 해석을 달리하는 국제사회의 혼란 가중에 하나의 원인을 제공했다고 할 수 있다. 그리고 이러한 상황은 UN 안보리가 급히 절충안을 찾다 보니 의도적으로 모호하게 처리했다고 밖에 해석하기 어렵다는 점에서 오늘날 독립을 둘러싸고 일어나는 문제 발생의 원인 당사자라는 비난을 면키 어렵다고 할 수 있다.[40]

코소보와 마케도니아 난민 문제의 대외적 요인이자 두 번째 배경으로는 마케도니아 내전과 이로 인한 난민 문제 발생을 들 수 있으며, 내전을 종식시킨 '오흐리드 합의안'을 통해 마케도니아 난민 문제 해결을 위한 국제법적 정당성을 확인할 수 있다.

서부 마케도니아의 독립을 주장하던 알바니아 해방군과 마케도니아 정부군 간의 내전은 2001년 3월 발생, 2001년 7월 5일 '서부 마케도니아에 대한 자치권 논의와 알바니아 반군의 무장해제'라는 미국과 NATO군의 중재안을 받아들임으로써 종식된다. 내전 종료 직후 발표된 2001년 국제적십자사(IFRC: International Federation of Red Cross and Red Crescent Societies)의 통계에 따르면 마케도니아 내전 결과 약 7만 명의 실향민과 8만 명의 난민이 발생했다고 한다. 마케도니아 내전 문제를 조기에 해결하기 위한 국제사회의 압력과 당사자들 간의 노력 끝에 2001년 8월 집권 여당인 '국제마케도니아 혁명위원회-마케도니아 민족연합 민주당(IMRO-DPMNU: Internal Macedonian Revolutionary Organization - Democratic Party of Macedonian National Unity/ VMRO-

DPMNE)'과 야당인 '사회민주동맹(SDMA: Social Democratic Alliance of Macedonia)', 알바니아측 대표로는 '민주번영당(PDP: Party of Democratic Prosperity)'과 '알바니아 민주당(DPA: Democratic Party of Albanians)' 등 양측을 대표하는 4개 정파 지도자들과 보리스 트라이코브스키(Boris Trajkovski) 대통령은 오흐리드(Ohrid)에 한데 모여 마케도니아 평화안인 '오흐리드 합의안'에 서명함으로써 난민 문제 해결 및 알바니아 소수 민족 문제 해결에 첫발을 내딛게 된다.

오흐리드 합의안의 주요 내용을 요약하면 첫째, 마케도니아에서 슬라브 마케도니아인만을 유일한 헌법상 국민으로 간주하고 있는 법적 구문을 삭제할 것,[41] 둘째, 알바니아계 인구 20% 이상이 거주하고 있는 지역에서는 알바니아어를 제2공용어로 채택할 것, 셋째, 알바니아어 교육과 교사 및 인재 양성에 국가 재원의 일정 부분을 투입할 것, 넷째, 알바니아계가 다수 거주하고 있는 지역, 특히 서부 마케도니아 지역의 도시들에 알바니아계 경찰 관료를 의무적으로 임명하고 광범위한 수준의 정치적 자치를 허용할 것, 다섯째, 정부 및 경찰 조직과 헌법 재판소에 비례대표에 따른 알바니아계 참여를 보장할 것, 여섯째, 알바니아 반군의 무장 해제 및 이를 감시할 NATO군의 파병을 인정할 것 등이 명시되어 있다.[42]

이를 기초로 영국과 독일을 비롯한 NATO의 평화 유지군이 파견되어 무장해제를 단행하였고 총 3,875점의 소총과 박격포, 곡사포 그리고 탱크 1대를 수거하는 데 성공한다. 이어

2001년 9월 알바니아 반군 지도자 알리 아흐메티는 NATO군의 무기회수작전 종료일에 맞추어 알바니아 무장 반군인 NLA의 공식 해체를 선포함으로써 내전이 종식된다. 하지만 마케도니아 민족주의 색채를 분명히 하고 있는 마케도니아 민족연합민주당이 알바니아인과의 공조를 통한 미래 마케도니아를 수립하고자 하는 사회민주동맹과 알바니아 민주당 등 여러 연립정당을 밀어내고 2006년 총선에서 집권한 것을 통해 확인할 수 있듯, 마케도니아 내에서의 안정이 쉽게 구축되기는 어려울 듯 보인다. EU 회원국 가입의 전제 조건으로 이 지역의 평화구축과 민족 간 화해를 내걸고 있는 EU측의 반응이 그리 긍정적이지 않다는 점과[43] 오흐리드 합의문 이행을 둘러싼 알바니아 소수 민족과 마케도니아 정부 간의 팽팽한 긴장감이 계속되고 있다는 점은 이 지역의 평화가 지속될 수 있을지에 대한 의문을 낳고 있다. 따라서 이 지역의 불안정과 긴장감 확대는 향후 마케도니아를 둘러싼 민족 간 갈등 촉발과 함께 새로운 난민 문제의 재발 가능성을 낳고 있다는 점에서 국제사회의 관심이 절실하다 하겠다.

앞의 분석에서 보는 것처럼 필자는 난민 문제를 해결하기 위한 국제법적 정당성이라는 측면에서 이들 동유럽 지역의 문제해결은 UNHCR의 목적과 임무 그리고 해결책들을 기초로 하고 있으며, 각 국가별 사례의 경우 보스니아는 '데이턴 합의안', 코소보는 'UNSCR 1244', 그리고 마케도니아는 '오흐리드 합의안'을 토대로 한 국제법적 개입의 정당성을 제시했다. 이를 근거로 봤을 때 보스니아 내에서의 난민 문제와 코소보, 마케도니아의 난민 문제는 진행과 해결 방안 그리고 현 상황에 따라 다소 차이점을 지니고 있는 것으로 보인다. 이러한 차이의 핵심은 현지 지역 내 민족 간의 화합과 다문화, 다민족 정책이 어느 정도 그리고 얼마만큼 제대로 실행되고 있는지의 여부이다. 또 현지 지역의 평화 정착과 안정이 어떻게 진행되고 있는지의 여부에 따라 각각 차이섬을 보인다.

다음 장에선 이러한 동유럽 지역의 난민 문제 해결을 위한 국제법적 개입의 정당성을 토대로 UN, EU 등 국제사회와 국제기구들이 어떠한 공동대응전략을 구사했고, 이를 통해 현재 이들 지역의 난민 현황은 어떤 상태인지에 대해 알아보고자 한다.

난민 문제 해결을 위한 국제사회의 대응과 전략

UNPKO의 역할과 활동[44]

UN과 EU가 유럽의 난민 문제를 해결하기 위해 다양한 난민 보호 정책 및 재정 확보를 위한 노력을 기울여왔다면 국제 평화유지군인 UNPKO는 난민 보호의 군사적 측면에서 발칸 유럽 지역의 난민 문제 해결을 위한 국제 조직 중 하나로 중요한 역할을 수행해 왔다. 비록 보스니아에서는 그 역할이 다소 감소했지만 1995년 보스니아(SFOR: Stabilization Force)의 경우처럼 코소보 전쟁과 마케도니아에서의 내전이 종결된 직후에도 NATO군은 UNPKO의 임무와 성격을 띠며 이들 지역에 파견되어 무기 회수 및 치안 안정, 난민 문제 해결과 평화 구축에 기여했다.

우선 코소보로의 PKO 파병은 1999년 6월 UN 안보리에서 코소보 평화안인 'UNSCR 1244'가 통과되고, NATO와 세르비아 군과의 군사기술협정(MTA)이 체결된 후 바로 이루어졌다. 코소보 파병 초기 PKO의 규모는 미국과 영국, 프랑스 등 약 5만 명 내외였으며 코소보의 평화와 안정화 구축을 목표로 하며 출범했다. 현재는 약 1만 5천 명의 PKO군이 KFOR(Kosovo forces: 코소보 평화유지군)이라는 이름으로 활동하고 있으며, 이들은 코소보의 안전과 정치 세력의 보호, 모든 시민들의 이동 자유 그리고 민족 간 갈등 해소라는 임무를 충실히 수행하고 있다.[45) 비록 2008년 2월 17일 코소보 내 알바니아 정부가 일방적으로 독립을 선언했음에도 불구하고 2008년 6월과 12월의 발표를 통해 KFOR은 UN 안보리의 별다른 조치가 없는 한 'UNSCR 1244'의 내용에 기초해 코소보에 계속 주둔할 것을 약속했다. 또 KFOR은 코소보 사태로 인해 발생한 난민을 보호하고, 코소보 등 발칸유럽의 다민족 문화적 공존과 안정된 평화 그리고 민주주의를 확립하기 위해 UN, EU, 코소보 내 EULEX(EU Rule of Law Mission in Kosovo: EU 법치임무단) 등 다양한 국제기구들과 단체들의 업무를 지원하게 될 것이라는 점을 강조하고 있다.

출범 초기부터 현재까지 KFOR은 코소보의 안정과 평화 구축 그리고 난민 문제 해결을 위해 다각도로 노력을 기울여 왔다. KFOR의 목적을 살펴보면 첫째, 세르비아군의 코소보에 대

시가행진 중인 코소보 평화유지군

한 적대행위와 위협을 근절시킨다. 둘째, 시민 및 난민 질서와 안전을 구축하기 위해 안전한 사회 환경을 조성한다. 셋째, 알바니아 민병대인 코소보 해방군의 무장해제를 추진한다. 넷째, 일반 시민 및 난민 문제 해결을 위한 국제사회와 인권 단체의 코소보 내 활동을 지원한다. 다섯째, 코소보 내 다양한 갈등의 해결을 위한 국제적 시민사회의 활동을 보장하고, 이에 협조할 것 등을 목표로 삼아왔다.

또 그 임무에 있어서도 우선 민족 간 충돌과 압력을 피해 도망친 난민 및 피난민들의 재거주를 적극적으로 지원하고 이들의 자유로운 이동 보장을 지원하는 것을 주요 임무 중 하나로 삼고 있다. 두 번째로 전쟁과 민족 간 충돌로 무너지거나 파괴된 코소보의 건축물들과 사원들을 재건하는 데 협조하고, 세 번째로 시민에 대한 의료 지원, 대중 질서와 안전 수립, 코소보 내 KFOR 부대 방어, 민족 간 경계선 경계 근무, 무기 반입 금지 및 수거 등의 역할을 수행하고 있다. 네 번째로는 코소보 내 시민사회 육성, 법과 질서 확립, 사법권 수립 등을 지원하고 있으며, 마지막으로 각 지역 내 난민 및 소수민족들의 안전을 보장하기 위해 다양한 조치와 업무를 수행하고 있는데, 이는 가장 중요한 활동 중 하나라 할 수 있다.

하지만 실제 KFOR의 활동은 알바니아인, 세르비아인 양측 간의 극복하기 어려운 민족갈등과 여러 문제로 인해 코소보 평화 정착과 안정화에 있어 현실적인 어려움을 겪고 있다. 양측 간 갈등의 사례로 1999년 6월 코소보 전쟁이 종결된 이후 계속해서 발생하고 있는 미트로비차(Mitrovića) 지역에서의 민족 간 충돌을 들 수 있다. 1999년 코소보 전쟁이 끝난 직후 세르비아인들은 알바니아인의 보복을 피해 대거 세르비아 본토로 이주했다. 그 결과 코소보 내 대부분의 지역은 알바니아 민족 관할로 넘어갔으나, 제3의 도시이자 세르비아의 군사·경제적 전략도시인 코소보 북부 미트로비차 만큼은 현재까지도 이바르(Ibar) 강을 경계로 북부 세르비아인들과 남부 알바니아인 사이에 여전히 긴장상태가 지속되고 있는 상황이다. KFOR의 강력한 치안 유지 노력에도 불구하고 이 지역에서는 1999년 6월 코소보 전쟁 종결 이후 현재까지 양 민족 간 충돌이 빈번하게 발생해왔으며, 2011년 12월까지 약 800여 명의 사상자가 발생한 것으로 확인된다. 특히 2008년 12월 이후 UN으로부터 상당 권한을 이양 받은 EULEX가 본격 활동에 들어감에 따라 세르비아인들 소행으로 추정되는 알바니아 상점 방화 사건과 이에 대한 보복으로 단행된 알바니아인들의 세르비아 구역 내 폭발 사건 등이 지난 2009년 1월 이후 빈번하게 발생하고 있다. 또 2009년 2월 17일 이후 매해 코소보 독립기념일마다 새로운 과격 민족주의자들의 테러가 연이어 일어나고 있어

KFOR의 치안 활동은 더욱 필요한 실정이다.

하지만 코소보의 치안과 평화 구축 그리고 시민과 난민의 안전을 담당하고 있는 KFOR은 이러한 민족 간 갈등과 충돌에 대한 적절한 대응과 조사, 그리고 처벌을 단행하는 데 있어 많은 어려움을 안고 있다. 실제 KFOR은 2009년 초 발생한 사건 외에도 2000년 3월 세르비아인에 대한 알바니아 폭탄 테러 및 2004년 3월 수백 명의 사상자가 발생한 테러 등 현재까지 세르비아인과 알바니아인 간에 발생한 수차례의 보복과 살해 사건들에 대해 단순히 이바르 강을 경계로 양 민족을 분리하는 것 외에는 별다른 조치나 사태 수습을 취하지 못하고 있다. 양 민족 간 갈등과 불신이 워낙 크고, KFOR의 활동에 대해 양측 모두 불신하고 있어 사건 수사에 비협조적이라는 데 그 요인이 있다 하겠다. 또 매번 민족 간 갈등이 발생할 때마다 사건이 해결되기보다는 오히려 양 민족 간의 테러와 보복이 확대되고 있다는 사실이 코소보와 세르비아 전역에 알려지면서, 이바르 강을 경계로 양 민족주의자들이 집결 대치하는 상황이 매번 발생하고 있는 실정이다. 심지어 다리를 사이에 두고 이들 민족 간 경계 가운데 자리한 KFOR이 양측으로부터의 신변 위협은 물론 공격을 받는 상황에까지 이르기도 하였다.

그럼에도 불구하고 과거의 역사와 현재 발칸 지역의 상황을 고려할 때, 향후 진행될 코소보 평화 정착과 난민 문제 해소 등 발칸유럽의 안정화를 위해 그리고 무엇보다 코소보가 다민족, 다문화 사회로 안정된 발전을 수립해 나가기 위해서는 KFOR

의 역할이 매우 중요하다. 특히 현재 추진 중인 코소보 자체 방위군과 치안 유지를 위한 경찰권 수립 및 교육은 꼭 필요한 부분이다. 현재 코소보 독립을 둘러싼 갈등과 세르비아인과 알바니아인간의 갈등으로 인해 KFOR과 EULEX의 존재 필요성에 대한 논란이 일고 있긴 하지만, 난민 문제의 완전한 해결 및 발칸유럽의 평화 구축, 민주주의 사회로의 발전에 이써 KFOR의 역할과 그 기능은 더욱 중요하다 하겠다.

반면 마케도니아의 UN 평화유지군, 즉 MFOR(Macedonian Force)의 활동은 코소보에서 활동 중인 KFOR의 난민 문제 해결 및 보호 역할과 비교해 볼 때, 목적과 임무 수행 시한에 있어 분명한 차이점을 지니고 있다. 코소보의 경우 대규모 알바니아 난민 문제가 발생했을 때 이를 처리할 중앙 정부가 부재했던 상황에서 난민 문제 해결을 위한 KFOR의 역할과 임무가 큰 비중을 차지하였고, 1999년 이후 현재까지 그 역할이 이어지고 있다. 하지만 마케도니아에 파견된 MFOR의 경우 주로 마케도니아 정부를 지원하며 알바니아 반군의 무기 회수와 서부 마케도니아의 치안 유지에 한시적 임무를 띠고 파견되었다고 할 수 있다. 2001년 8월 마케도니아 내전 종결 이후 맺어진 '오흐리드 합의문'에 따라 마케도니아에도 NATO군을 중심으로 한 PKO가 파병된다.

냉전 시절, 기존 '방어적 전략 개념'에 기초한 전쟁을 구상했던 NATO군은 1990년대 들어와 동유럽의 체제 전환이 이루어지고 '사회주의 블록'이라는 주적(主敵)이 사라진 이후에는

UN군을 대신해 국제 분쟁 발생 지역에 적극적으로 투입되는 등 '공격적 전략 개념'으로의 역할 전환을 서두르고 있었다. 이런 전략적 전환 시점에 발칸유럽 지역에서 다양한 민족분쟁과 내전이 발발했고, 이는 자연스럽게 NATO의 역할 전환을 위한 예비 무대를 제공해 주었다고 할 수 있다. 실제 NATO군은 1995년 이후 보스니아(SFOR)를 시작으로 코소보(KFOR)에 이어 마케도니아로의 파병(MFOR)을 이루어냄으로써 발칸 지역의 민족 문제를 해결하고, 이로 인해 발생한 난민들의 귀환 및 정착 문제를 지원하는 중요한 요소로 부각되었다. 내전 종결 직후 마케도니아에는 초기 선발대 400여 명을 포함한 영국군 1,800명이 주축이 되는 약 3,500여 명의 NATO군이 파병됐지만 이들의 임무 시한은 8월 말부터 약 30일 동안으로 한정된다. 따라서 지역 내의 영구적 평화와 난민 보호 등 여러 임무를 동시에 수행하는 PKO 특성상 보스니아로 파견된 SFOR이나 코소보로 파견돼 현재까지 작전을 수행 중인 KFOR에 비해 MFOR의 역할은 일정 부분 그 한계가 존재했다고 볼 수 있다.

EU와 UNHCR의 난민 정책과 전략 – 임시보호정책

20세기 말에 들어와 EU 내에서 난민 정책 및 대응 전략 등이 구체적으로 논의된 계기는 1990년대 초 크로아티아에서의 유고 내전과 보스니아 내전을 계기로 발생한 유럽 내 대규모 난민 문제에서 시작되었다고 볼 수 있다. 제2차 세계대전 이후 대규모 난민 문제를 한동안 경험하지 못한 유럽 국가들과 국제사회는 20세기 말 발생한 동유럽의 대량 난민 사태를 맞아 해결에 상당한 어려움을 겪었다. 따라서 민족 간 충돌과 내전이 일어나고 난민 문제 발생 초기, 당시 EC 등 유럽 국가들과 UN은 다소 미숙한 대처로 동유럽 내 문제 해결에 별다른 진전을 보이지 못했다. 무엇보다 동유럽 특히 발칸유럽의 복잡한 민족·문화적 역학 구도와 역사적 배경을 이해하지 못한 국제사회가 각 국가들의 이해관계와 맞물리면서 동유럽 민족 충돌과 내전에 대해 제스처 외교만을 구사하는 데 주력한 것이다. (앞의 장 '난민문제 발생 배경에 대한 설명' 참조)

실제 국제사회와 유럽 각국은 동유럽 민족분쟁 해결을 위한 적극적인 개입을 꺼렸으며 개입하더라도 자국의 이해에 맞춰 문제를 해결하려 했다. 따라서 복잡한 내부 사정과 함께 국제사회의 주저로 인해 동유럽 지역에서의 민족분쟁과 내전은 쉽게 해결되지 못했고, 이에 다른 인종 학살과 대량 난민 사태가 뒤를 이었다. 특히 난민이 발생했을 시 주변 비호국들 혹은 유럽 선진국들이 난민 수용 등을 통해 어느 정도 문제를 해결해 주길 기대했지만, 대내적인 사회 문제와 여러 정치적인 이유를 들어 이들 국가들은 적극적인 자세를 취하지 못하였고, 이러한 사태를 방치했다는 비난을 받아야 했다.

하지만 크로아티아 내전과 3년 8개월간 이어진 보스니아에서의 참혹함, 인종청소의 경험을 토대로 UN과 미국, EU 등 국제사회는 대규모 난민 문제를 해결할 새로운 방안과 대응 전략을 논의하기 시작했다. 그 결과 난민 문제 해결을 책임져야할 UNHCR의 권유와 요청 그리고 국제사회의 비판적 시각에 따라 유럽 각국은 난민 문제 해결의 새로운 대응 전략, 즉 난민들의 '임시보호(Temporary Protection)정책'을 수립하기에 이른다. 1992년 UNHCR은 내전이 발발한 크로아티아 및 보스니아의 인근 국가들을 포함한 유럽 여러 국가에 유고 내전 및 보스니아 내전으로 인한 일시적인 대량 난민 유입에 대처하는 방안으로 '임시보호정책'을 채택해 줄 것을 제안했다.

난민 수용과 문제 해결에 소극적인 유럽 국가들을 설득하기 위해 당시 UNHCR은 다음과 같은 '임시보호정책'을 제안했다. 첫째, 과거 난민 정책과 달리 유고 지역 및 보스니아에서의 내전 상황이 종료된 후, 난민들의 본국 송환이 이루어지도록 약속할 것이며 더불어 난민이 비호국에 임시 체류하는 동안 UNHCR은 난민들의 망명 신청을 결코 허용하지 않겠다는 점을 해당 국가들에게 약속하였다. 둘째, 크로아티아 및 보스니아에서의 대규모 난민 발생으로 인해 과거처럼 국경에서 일일이 난민 자격 심사를 하기 어려운 관계로 UNHCR은 유럽 각국이 집단 단위로 난민 심사기준을 적용하는 등 입국 절차를 간소화 해 난민의 대규모 입국을 허가해 줄 것을 요청했다. 더불어 UNHCR은 이들 비호국들이 난민들의 체류 기간 동안 기본적인 생활조건 충족과 난민 권리를 보장해 줄 것 등을 요청하게 된다.[46)]

즉 난민 수용과 해결에 난색을 표한 유럽 국가들을 안심시키고 최대한 빨리 난민 문제를 해소하기 위해 UNHCR은 난민 자유에 대한 위협이 남아있을 때 당사자의 의사에 반해 난민들의 일방적인 송환을 금지하고 있는 1951년 제네바 난민 협약 제33조의 내용을 일부 수정·해석했다고 할 수 있다. 실제 1951년 맺어진 '제네바 난민 협약'의 제33조인 '추방 및 송환의 금지'는 난민 지위 및 구호를 위한 가장 중요한 조항중 하나로 '일방적인 송환금지(non-repatriation)'를 분명히 하고 있다. 즉 '난민의 자유에 대한 위협이 남아있을 때 당사자의 의사에 반해 본국으로의 추방이나 송환을 금지한다'는 점이 명시되어 있다. 더불어 '제네바 난민 협약'의 제1C(5)조는 '난민의 지위 종료를 결정하기 위해서는 본국의 상황이 변화했다는 근본적이고 안정적이며 지속적이고 효과적인 증거를 제시해야 한다'고 밝히고 있다.[47)]

이처럼 UNHCR이 현지 내전 상황이 종료된 후 유럽 각지에 흩어져 있는 동유럽 난민들의 본국 송환을 약속하고, 난민들이 임시보호 자격으로 유럽 국가에 체류하는 동안 정치적 망명 신청을 허용하지 않는다는 점을 분명히 함으로써 유럽 정부들은 대내적 부담을 떨치고 난민 수용에 보다 적극적인 자세를 취할 수 있게 되었다. 또 이를 기초로 유럽 각국은 오랜 기간이 소요되는 일반적인 정치적 망명 절차 대신 보다 빠른 입국 절차를 마련해 크로아티아와 보스니아 내전에서 발생한 대규모 난민을 받아들이기 시작한다. 난민 자격으로 유입된 사람들이 자기 국가에 영구 거주하는 것을 원치 않았던 유럽 국가들의 바람과 대규모 난민 문제를 최대한 빠른 시간 안에 해소해야 했던 UNHCR의 고심이 서로 맞아떨어지면서 이와 같은 전략적 정책 수정이 이루어졌다고 할 수 있다. 그러나 양측의 합의에 따라 임시보호 조건 아래 크로아티아와 보스니아 내전 난민들이 수용되기 시작했지만, 일련의 문제점이 노출되기도 했다. 정상적인 난민의 지위를 획득한 사람들이 누릴 수 있는 1951년 '제네바 난민 협약' 제26조 '거주 이전의 자유나 여행 허가 서류를 얻을 권리 등 이동의 자유' 그리고 난민 지위에 관한 1951년 협약과 1967년 의정서에 의한 '난민 지위 인정 기준 및 절차'를 결정한 1992년 1월 제네바 합의 제6장에 명시된 '가족 재결합의 권리' 등을 이들 난민들이 제대로 누리지 못하는 문제점 등이 발생한 것이다.[48]

하지만 일부에서 제기되는 이러한 비판에도 불구하고 UNHCR의 '임시보호정책'은 당시 급박한 상황 속에서 난민들의 강제 송환에 대비한 국제기구 차원의 바람직한 난민 보호 방안을 제공했다고 할 수 있으며, 이후 귀향 절차를 밟는 동안 인권 보호를 위해서라도 꼭 필요한 것이었다. 또 당시 발생한 대규모 난민의 입국 절차를 진행해야 하는 난민 수용 국가들의 정치·경제적 부담을 덜어주기 위한 고육책이자 새로운 정책 모색의 일환이었다고 이해될 수도 있다.

실제 현재까지의 전개 과정을 통해 볼 때 이러한 UNHCR의 '임시보호정책'은 일련의 효과를 발휘했다고 할 수 있다. 유고 내전과 보스니아 내전을 통해 발생한 것으로 추정된 약

230여 만 명의 난민에 대해 EU 자체 차원의 적극적인 대응은 없었지만, UNHCR의 홍보와 설득에 따라 독일을 비롯한 유럽 여러 국가들의 적극적인 난민 임시보호 조치가 이루어졌다. 이에 따라 크로아티아 및 보스니아 내전이 한창이던 당시, 독일은 1994년까지 총 1,354,000명의 국내 체류 난민 가운데 350,000명의 이 지역 출신을 받아들여 가장 많은 난민들을 받아들인 국가가 되었고, 프랑스는 총 152,300명의 국내 체류 난민 가운데 약 15,000명을, 영국은 총 20,000명의 국내 체류 난민 가운데 1,970명의 유고 지역 출신 난민을 받아들이는 성과를 거두게 된다.[49]

　'데이턴 합의안'에 따라 1995년 말 이후 보스니아 내전이 어느 정도 진정 되고 난민 문제 또한 해결점이 모색되어 가던 시점, 유럽 각국은 향후 유럽 내에서 다시 발생할 수도 있는 대량 난민 문제를 보다 신속히 해결하기 위한 일련의 행동 지침(Action Plan)을 구상하기 시작했다. 이를 구체화한 조약이 바로 1997년 '암스테르담 조약'이다. 이 조약은 크로아티아와 보스니아 내전을 계기로 EU 차원에서 유럽 내에서의 난민 문제를 본격적으로 다루기 시작했다는 데서 그 의미를 찾을 수 있다.

　'암스테르담 조약'의 내용을 살펴보면 주제 4(Title IV) 제61조부터 69조까지는 '비자, 망명, 이민 및 사람의 자유로운 이동에 관한 기타 정책'에 관한 내용이 담겨 있는데, 여기에는 EU 각국이 향후 5년 이내 이 부문에서 공동정책을 수립할 것을 천명하고 있다. 특히 제63조에서는 '난민과 망명, 임시보호' 등에

'암스테르담 조약'이 이루어진 1997년 암스테르담 회의

대해 1951년의 '제네바 협약(난민의 지위에 관한 협약)'과 1959년 '뉴욕 프로토콜(난민의 지위에 관한 의정서)'을 준수하는 최소 규정을 암스테르담 조약 발효시기부터 5년 안에 수립할 것 등을 규정하고 있다.[50] 하지만 EU 내 구성 국가들의 다양한 특징과 만장일치에 따른 합의 도출로 조약 채택에는 큰 어려움이 따랐다. 이후 EU 집행위원회(European Commission)가 '암스테르담 조약'의 내용을 기초로 1997년 2월에 난민 임시보호에 관한 제안을 EU 각료이사회(Council of the European Union)에 제출했지만, 유럽 각국의 다양한 견해차로 인해 채택은 되지 못했다.

이후 유럽 국가들이 다시 한 번 난민 문제의 심각성을 깨닫고 의견을 논의하게 된 계기는 1998년 코소보에서의 민족 간 충돌 확대와 1999년 코소보 전쟁을 통해서다. 1999년 3월 일어난 코소보 전쟁을 통해 약 120여 만 명의 추가 난민이 발생한 후, 아무 대책 없이 이들이 유럽 내로 유입될 기세를 보이자 EU 내에선 난민임시보호 정책에 관한 논의가 다시 재개된다. 이후 유럽 국가들은 1999년 '템페레(Tampere) 회의'를 통해 난민보호 정책을 보다 구체화하는 계기를 마련한다. 1999년 10월 핀란드 템페레에서 열린 유럽정상회의에서는 EU 공동 차원의 망명 및 이민 정책을 수립할 것 등이 결의되었고, 이를 통해 2003년 유럽 내 난민들의 신원 파악을 위한 공동 정보 체계를 구축할 목적으로 '유럽난민정보센터(Eurodac)'가 설립되었다. 이어 난민 신청 조사를 책임질 국가 결정 및 절차를 제정하기 위한 '더블린 1차 조약(1990)'과 '2차 조약(2003)'이 제정된다.

여기서 우리는 특히 더블린 2차 조약의 목적과 주요 내용을 주목할 필요가 있는데, 이 조약의 주요 목적은 망명신청자 문제를 처리할 국가의 선정 원칙을 명기해 난민들이 여러 국가에 망명 신청하는 것을 방지하고, 오직 한 국가만이 망명 신청을 처리할 수 있게 공조함을 목적으로 하고 있다. 또 망명 신청자 처리를 위한 국가 우선순위 배정에 있어 첫째, 신청자가 서류를 접수한 나라, 둘째, 신청자가 실제 머물고 있는 나라, 셋째, 신청자가 갖고 있는 거주 서류나 비자를 발행한 나라, 넷째, 서류가 겹칠 경우 가장 최근 만료 서류를 발행한 나라, 다섯째, 불규칙하게 회원 국가를 옮겨 다닌 경우 최근 5개월 동안 머문 나라, 여섯째, 어디에도 해당 사항이 없을 때는 신청자가 가장 최근에 머문 나라 순으로 정하게 된다.[51]

이후 임시보호 정책 및 난민 신청과 난민 지위에 관한 공동 기준 등이 설정되는데, 2001년 '난민을 위한 임시보호 지침(2001/55/EC)', 2003년 '난민수용에서 최소 기준(2003/9/EC)', 2004년 '난민에 대한 공통 정의(2004/83/EC)', 그리고 2005년 '난민의 최소 보호를 보장하는 망명 절차(2005/12/EC)' 등이 제정된다. 이와 함께 임시보호 정책에 대한 회원국 간의 연대 유지와 대규모 난민 유입에 대응하기 위한 재정확보 필요성에 따라 2000년에는 유럽난민기금(European Refugee Fund)이 설립되어 EU 내에선 유럽 차원의 난민 문제 해결을 위한 구체적 틀이 마련되었다.[52]

이와 함께 UNHCR이 코소보 분쟁과 마케도니아 내전을 통해 형성된 유고 지역 난민에 대해 적용하고 있는 정책 또한 과거 보스니아 내전에서 적용한 '임시보호정책'을 그대로 적용하고 있음을 확인할 수 있다. 앞서 언급했듯 UNHCR은 1992년 이후 크로아티아 및 보스니아 내전을 통해 대량 난민 사태가 발생하자 헝가리 등 이들 인근 국가들을 포함해 유럽의 여러 국가에 크로아티아 및 보스니아 내전으로 인한 일시적인 대량 난민 유입에 대처하기 위한 '임시보호정책'을 채택해 줄 것을 제안했다. 난민들의 인권 문제는 물론 이들의 타국영구 정착을 어렵게 한다는 비난 속에서도 당시 UNHCR의 정책은 일련의 효과를 발휘했다고 할 수 있다. 즉, 크로아티아에서의 내전과 보스니아 내전을 통해 발생한 것으로 추정된 약 230여만 명의 난민에 대해 EU 차원의 적극적인 대응은 없었지만,

UNHCR의 임시보호정책의 홍보와 설득에 따라 독일을 비롯한 유럽 여러 국가들의 난민 임시보호 조치가 이루어진 것이다.

이를 기초로 코소보에서 들어 온 마케도니아 내 난민과 비호신청자들(asylum seekers) 그리고 마케도니아 내전을 통해 발생한 난민들에 대한 정책에 있어서도 UNHCR은 과거 발칸지역의 분쟁에서 적용한 임시보호정책을 그대로 적용했다. 특히 난민에 대한 효율적인 관리시스템 차원에서 UNHCR은 임시보호정책이 주요 근간을 이룬 '비호와 임시 보호에 관한 법률(LATP: Law on Asylum and Temporary Protection)'을 수립한다. 이후 이를 기초로 이들에게 '임시 인도적 지원을 받는 사람의 지위(THAP status: Temporay Humanitarian Assiseted Persons Status)'가 부여되었다. 그 결과 코소보 내전 초기 국내 알바니아 소수 민족 문제로 인해 코소보 알바니아 난민들의 국내 유입을 극도로 반대했던 마케도니아 정부 또한 UNHCR의 정책에 동의하였고, 난민 수용에 있어 일부 긍정적인 반응을 끌어낼 수 있었다.

2003년 7월 제정 이후, 2007년과 2008년 일부 내용이 수정·보완된 마케도니아의 '비호와 임시보호에 관한 법률'의 제정 목적에는 UNHCR의 임시보호정책에 대한 입장이 분명히 담겨 있다.[53] 이에 따라 이들 난민들과 비호 신청자가 마케도니아 시민권을 얻는 대신 일정 기간이 지난 후 대다수 난민들은 본국으로의 귀환 또는 제3국으로의 이주 원칙이 수립될 수 있었다. 특히 '비호와 임시 보호에 관한 법률' 제정을 기초로 한 마케도니아 헌법에 따르면 마케도니아 시민권을 얻기 위해 최소 국내에서 15년 이상을 거주해야 한다는 원칙이 수립되었는데, 이는 실제 마케도니아에 임시거주하게 된 코소보 알바니아 난민들이 실질적인 시민권을 얻는 것은 거의 불가능하다는 점을 의미했다. 무엇보다 이러한 내용은 UNHCR이 코소보에서의 알바니아 인구 증대에 따른 학습효과와 2001년 알바니아 반군과의 내전을 경험한 마케도니아 정부의 애로점을 이해하고, 난민 구제 및 난민 문제 해결을 주도해야 하는 UNHCR의 입장을 마케도니아 정부가 상호 존중해 줌에 따라 이루어진 결과라 할 수 있다. 이에 따라 코소보에서 온 알바니아 난민들과 불법 이주민들에 대해 마케도니아 정부는 시민권 부여를 거절할 수 있는 합법적이고도 국제적인 정당성을 부여받을 수 있게 됐으며, UNHCR 또한 코소보 알바니아 난민들의 현실적 어려움과 고통을 일부나마 해소시켜 주었다는 긍정적 평가를 받을 수 있었다.

시사점과 의미

　　20세기 말 동유럽에서의 민족 충돌 및 내전 발발 이전까지 국제사회와 유럽 국가들은 '1951년 난민지위에 관한 협약(제네바 난민 협약)'과 이를 보완한 '1967년 난민지위에 관한 의정서(뉴욕 의정서)'에 근거해 여러 지역의 난민 및 인권 문제에 대처해 왔다. 특히 유럽과 EU 회원국들의 경우 제2차 세계대전 이후 한동안 유럽 내에서 대규모 난민 문제를 경험하지 못했고, 20세기 중엽 이후 아시아와 아프리카 내에서 발생한 일련의 난민 문제에 대해서도 단순히 자금을 지원하거나 일부 NGO 단체들의 활동을 지원해주는 역할에 그쳤다. 하지만 동유럽에서의 내전 발발과 이에 따른 유럽 본토로의 대규모 난민 유입 그리고 새로운 형태의 인권 유린 양상 확대는 그동안 이들이 취해

온 난민 문제 해결 방식과 인권 정책에 있어 상당한 수정과 보완을 요구하게 되었다.

동유럽에서의 다양한 민족 갈등과 내전 그리고 이로 인한 대량 난민 문제들을 해결하기 위해 그동안 여러 국제기구들과 국제사회의 참여가 진행되어 왔다. 이중 지리적인 이유로 인해 EU의 역할과 참여가 자연스럽게 확대되었다. 특히 EU와 유럽 국가들의 난민 및 인권정책에 관한 논의는 다음과 같은 세 가지 방향과 목적을 지니며 변모했다. 첫째, 동유럽 난민 사태의 경우처럼 외부에서 유입되는 대규모 난민들을 어떻게 효과적으로 통제할 것인지에 대한 논의. 둘째, 인종적·종교적으로 이질적인 외부 이재민들의 EU 역내 유입을 통제하기 위한 난민 및 망명 정책 강화의 필요성 확대 및 이들에 대한 EU내 시민권 부여 기준 강화를 어떻게 확대해 나갈 것인지에 대한 논의. 셋째, 대내적으로 이미 EU 내에 합법적으로 거주하고 있는 제3국인들에 대한 정책을 어떻게 진행해 나갈 것인지에 대한 고민이 생기게 되었다고 할 수 있다.

동유럽에서의 민족 갈등과 충돌, 내전 그리고 이에 따른 대량 난민 사태는 유럽과 EU 국가들 사이에서 난민 문제 해결을 위한 고민과 다양한 논쟁 그리고 공통된 대응 전략 수립의 필요성을 낳았다. 우선 난민 문제 해결을 위한 대표적 국제기구인 UNHCR은 되도록 짧은 시간 안에 대규모 난민 문제를 해결해야 할 책무를 지니고 있었다. 따라서 기존의 경직된 난민 수용 원칙에서 벗어난 새로운 대응 전략 수립이 절실히 요구되었다고 할 수 있다. 즉, 유럽에서 발생한 대량 난민의 역내 진입을 막으려는 EU의 자구책과 대량 난민 문제 해결을 위한 신속한 대응책이 필요했던 UNHCR은 서로의 고민 해결을 위해 합의점을 찾고자 했으며 그 결과 '임시보호정책'이 수립되었다. 실제 동유럽 난민 문제 해결에 있어 UNHCR은 문제 해결 접근 방식 중 자신들과 국제사회가 가장 선호하는 방식인 '자발적 본국 귀환'을 기초로 한 '임시보호정책'을 수립했고, 이에 대해 EU와 공조하여 그나마 성공적으로 난민 문제를 해결해 나갔다고 볼 수 있다.

강대국들 사이에서 자신의 의지와는 상관없이 흘러가는 민족의 미래를 고민해야 했던 동유럽의 입장을 반추해 봤을 때, 이는 한반도 및 이를 둘러싼 동북아시아의 상황과 매우 유사하다고 할 수 있다. 필자는 동유럽 난민 문제의 현황, 그리고 유럽과 국제사회의 난민 정책, 난민 문제 해결 방안들을 선험적 사례로 살펴보고자 했다. 향후 대두될 수 있는 동북아시아의 긴장 사태 및 대량 난민 발생 문제에 대한 선제적 대응 전략 수립에 이러한 분석과 연구가 작은 도움이 되길 기대한다.

참고문헌

김철민, 「보스니아 분쟁에 대한 서구의 대응 전략」, 국제지역연구 Vol.2, No.4, 한국외국어대학교 국제지역센터, 1998.

_____, 「코소보(Kosovo) 민족 갈등에 관한 연구: 세르비아니즘 (serbianism)의 확대와 저항이라는 관점에서」, 동유럽 발칸학 Vol.2, No.1, 한국동유럽발칸학회, 2000.

_____, 『보스니아 역사: 무슬림을 중심으로』, 한국외국어대학교 출판부, 2005.

_____, 『동유럽의 민족분쟁: 보스니아, 코소보, 마케도니아』, 살림출판사, 2007.

_____, 「내전 종결 10년, 보스니아 민족문제의 현황과 평화협정 이행에 관한 연구」, 유럽연구 Vol.25, No.1, 한국유럽학회, 2007.

_____, 「세르비아 시각에서 바라 본 코소보(Kosovo) 독립 문제와 평화협정(SCR 1244) 이행에 관한 연구」, 동유럽 발칸학 Vol.11, No.2, 한국동유럽발칸학회, 2009.

_____, 『발칸유럽 사회와 문화』, 한국외국어대 출판부, 2010.

_____, 『발칸유럽 민족문제의 이해: 민족 기원과 민족주의』, 한국외국어대 출판부, 2010.

_____, 「보스니아 난민 문제 현황과 난민 정책에 관한 연구」, 동유럽연구 Vol.26, 한국외국어대학교 동유럽·발칸연구소, 2011.

김철민, 김원회, 『또 하나의 유럽, 발칸유럽을 읽는 키워드』, 한국외국어대 출판부, 2009.

UNHCR, 『난민 관련 국제조약집』, UNHCR 사무소, 1997.

_____, 『UNHCR 집행위원회가 채택한 난민의 국제적 보호에 관한 결정』, UNHCR 사무소, 1999.

정은숙, 『21세기 유엔평화유지활동: 코소보 사례를 중심으로』, 세종연구소, 2003.

타리크 알리 외, 국제연대정책정보센터 역, 『전쟁이 끝난 후: 코소보를 둘러싼 나토의 발칸전쟁이 남긴 것들』, 이후출판사, 2000.

Ali, Rabia & Lawerence Lifschultz, "Why Bosnia?", Third World

Quarterly Vol.15, No.3, 367~401p, 1994.

Brunnbauer, Ulf, "The Implementation of the Ohrid Agreement: Ethnic Macedonian Resentments", Journal of Ethnic Politics and Minority Issues in Europe, 2002.

Cohn, Marjori, "The myth of Humanitarian Intervention in Kosovo", Aleksandar Jokic ed., Lessons of Kosovo, Toronto: Broadview, 2004.

Isaković, Zlatko, "Međunarodni položaj Makedonije", Momir Stojković & Ana Damian eds., Savremeni procesi i odnosi na balkanu, Beograd: Gorograf, 1997.

Johnson, Richard E., "Yugoslavia: Projections", Richard F. Staar ed., United States - East European in the 1990s, Taylor & Francis New York Inc., 1989.

Jovanić, Jelka, Kratka Istorija Srba, *Beogard: Mladinska knjiga*, 2008.

Harrison, Thomas, "A Cold Peace in Bosnia", New Politics, Vol.5, No.4, Win., 1996.

Hyden, Robert M., "Democracy without a Demos?: The Bosnian Constitutional Experiment and the Intentional Construction of Nonfunctioning States", East European Political and Societies, Vol.19, No.2, 2005.

Kim, Chul-Min, "The Value of Strategy and the Current State of the Deployment of PKO in Eastern Europe: The Case of Kosovo", KACEEBS International Conference, 2009.

Luca, Donatella, "Questioning Temporary Protection", International Journal of Refugee Law, Vol.6, No.4, 1994.

Petković, Ranko, XX vek na Balkanu: Bersaj, Jalta, Dejton, Beograd: Novinsko - izdavačka ustanova službeni list SRJ, 1996.

_____, "Povelja UN i agresija NATO na Jugoslaviju", Milo Gligorijević ur. Sila i Pravo: Agresija NATO-a na Jugoslaviju i tumačenja, Beograd: Novost, 1999.

Petković, Ranko, Miroslav Petrović & Momir Stojković, "Ustav Republike Makedonije", Novi ustavi na tlu bivše Jugoslavije, Beograd: Službeni glasnik, 1995.

Petranović, Branko & Momčilo Zečević, *Jugoslavija 1918/1988: tematska zbirka dokumenata*, Beograd: Rad, 1988.

Rao, Rahul, "The UN and NATO in the new world order: legal issue", International Studies, Vol.37, No.3, 2000.

Rupp, Richard, "NATO 1999 and NATO 2000: from Collective Defense toward Collective Security", Journal of Strategic Studies, Vol.23, No.9, 2000.

Security Council Resolution 1244, 1999.

Stojković, Momir ed., *Balkanski ugovorni odnosi*, 1876~1996, Beograd: JP Službeni list SRJ, 1999.

Terzić, Slavenko, "The Serbs and the Macedonian Question", Dušanka Hadži-Jovančić ed., The Serbian Question in Balkans, Beograd: Faculty of Geography, Univ. of Belgrade, 1995.

Thompson, Mark, *A Paper House: The End of Yugoslavia*, New York: Pantheon Books, 1992.

Vujin, Milan, "Razobručena sila", Milo Gligorijević ur. Sila i Pravo: Agresija NATO-a na Jugoslaviju i tumačenja, Beograd: Novost, 1999.

Zavalani, T., "Albanian Nationalism". Peter F. Sugar & Ivo John Lederer ed., Nationalism in Eastern Europe, Seattle and London: Univ. of Washington Press, 1994.

Пантић, Драган, "Српско питање у Босни и Нерцегнови као претпоставка државности Репблике Српске," Владо Стругар пр., Југословенска држава 1918-1998, Београд: Институт за савремену историју, 1999.

웹사이트

더블린 2차 조약문, http://eur-lex.europa.eu/LexUriServ/site/en/oj/2003/l_050/l_05020030225en00010010.pdf

EU, http://europa.eu.int/eur-lex/en/treaties/dat/amsterdam.html

International Crisis Group, http://www.crisisgroup.org

Helsinki Watch, http://www.encyclopedia.com/doc/1O126-BosnianCrisis.html

NATO, http://www.nato.int

Office of the High Representative, "Dayton Peace Agreement" and "The General Framework Agreement", http://www.ohr.int

세르비아 내무부, http://www.mup.sr.gov.yu

UN "UNPROFOR", http://www.un.org/en/peacekeeping/missions/past/unprofor.htm

UNHCR, http://www.unhcr.org

UNHCR "the Former Yugoslav Republic of Macedonia",

http://www.unhcr.org/cgi-bin/texis/vtx/page?page=49e48d8f6&submit=GO

UNHCR, "UNHCR Global Appeal 2012-2013: budget for South-Eastern Europe",

http://www.unhcr.org/cgi-bin/texis/vtx/page?page=49e48d8f6&submit=GO

UNHCR "LATP",

http://www.iomskopje.org.mk/Legal/Law_on_Asylum_and_Temporary_Protection_ENG.pdf

주

1) 1991년 내전 이전 보스니아의 민족 구성은 크게 보스니아 무슬림 44%, 정교도 세르비아인 31%, 가톨릭 크로아티아인 17%, 유고인 5.5%, 기타 2.5%로 구성되어 있었으나, 내전 직후 1995년 통계에 따르면 유고인이 완전히 사라지고 보스니아 무슬림 40%, 정교도 세르비아인 40%, 가톨릭 크로아티아인 22%로 변화한 것을 확인할 수 있다. 내전을 거치며 사회주의 시절 동안 티토의 민족 정책에 의해 민족 간 혼혈로 나타났던 유고인들은 각자의 민족성을 찾아 사라지게 되었다고 할 수 있다.

2) 정치적 민족주의와 문화적 민족주의에 대한 이해와 개념 정리는 김철민, 『발칸유럽 민족문제의 이해: 민족 기원과 민족주의』, 한국외국어대 출판부, 2010, pp.1~28 참조.

3) 당시 마케도니아 분쟁에 관한 자세한 내용은 김철민, 『동유럽의 민족분쟁: 보스니아, 코소보, 마케도니아』, 살림출판, 2007, '마케도니아 편' 참조.

4) 김철민, 『보스니아 역사: 무슬림을 중심으로』, 한국외국어대학교 출판부, 2005, pp.71~72.

5) Mark Thompson, A Paper House: The End of Yugoslavia, New York: Pantheon Books, 1992, pp.267~268.

6) Thomas Harrison, "A Cold Peace in Bosnia", New Politics, Vol.5, No.4, Win., 1996, p.16.

7) Helsinki Watch, "Bosnian Crisis", http://www.encyclopedia.com/doc/1O126-BosnianCrisis.html

8) 특히 프랑스와 영국 등은 동유럽의 민주화 이후 역사적으로 동유럽 지역에 영향력을 미쳐온 독일과 러시아의 영향력 확대를 우려했으며 무엇보다도 유럽의 균형이 깨지는 것을 원치 않았다. 또 1990년대 세계 초강대국으로 부상한 미국 또한 초기 동유럽 정책에 있어서는 현상유지 정책(Status Quo)을 사용했다.

9) 보스니아 내전 당시 서구의 대응 전략 및 특징에 대해서는 김철민, 「보스니아 분쟁에 대한 서구의 대응 전략」, 국제지역연구, Vol.2, No.4, 한국외국어대학교 국제지역센터, 1998. 그리고 김철민, 「내전

종결 10년, 보스니아 민족문제의 현황과 평화협정 이행에 관한 연구」,유럽연구, Vol.25, No.1, 한국유럽학회, 2007. 참조.

10) 유엔보호군이 담당하게 된 안전지대(Safe Zone)는 보스니아 내전 초기 수립된 평화안인 밴스-오웬안(Vance-Owen Plan)의 기초를 만든 전(前) 미 국무장관이자 UN 특사였던 사이러스 밴스(Cyrus Vance)와 전 영국 외무장관이자 유럽공동체 특사였던 데이비드 오웬(David Owen)이 구상해 설치한 것으로, 보스니아 5개 도시와 기타 5개 지역에 UN 안전지대를 설치해 유엔보호군 병력 주둔과 함께 난민 수용 및 보호와 안전을 보장해주고자 했다.

11) UN, "UNPROFOR", http://www.un.org/en/peacekeeping/missions/past/unprofor.htm

12) 사회주의 유고 연방 하에서의 코소보 민족문제에 대한 자세한 내용은 김철민, 「코소보(Kosovo) 민족 갈등에 관한 연구: 세르비아 니즘(serbianism)의 확대와 저항이라는 관점에서」, 동유럽 발칸학, Vol.2, No.1, 한국동유럽발칸학회, 2000, pp.201~210 참조.

13) 민족구성에 따른 인구분포의 변화는 Branko Petranović & Momčilo Zečević, Jugoslavija 1918/1988: tematska zbirka dokumenata, Beograd: Rad, 1988, p.1250 참조.

14) 랑부예 회담의 주요 내용은 크게 두 가지로 첫째, 코소보 독립 문제를 3년 뒤에 논의하는 것, 둘째, 코소보에 NATO군을 중심으로 한 국제 평화유지군 주둔으로 요약할 수 있다. 이에 대해 알바니아계는 "코소보의 독립을 더는 미룰 수 없다"며 첫째 안에 반대했지만 추후 미국의 안을 받아들였고, 반면 세르비아는 "코소보 문제는 주권의 문제로 국내에서 발생한 문제이므로 자국 영토에 외국 군대를 주둔시킬 수 없다"며 두 번째 안에 반대한 후 NATO군 대신 UN군 파견을 요청했지만 미국에 의해 거부되었다.

15) Marjori Cohn, "The myth of Humanitarian Intervention in Kosovo", Aleksandar Jokic (ed.), Lessons of Kosovo, Toronto: Broadview, 2004, p.129에서 재인용.

16) Milan Vujin, "Razobručena sila", Milo Gligorijević ur. Sila i Pravo: Agresija NATO-a na Jugoslaviju i tumačenja, Beograd: Novost, 1999, pp. 190~191; 냉전 이후 NATO의 성격이 본래의 집단 방어 전략 개념인 '집단 방위체'에서 국제 분쟁이 발생하는 곳에

NATO군을 우선 동원하겠다는 집단 공격 전략 개념, 즉 '집단 안보체' 개념으로 전환하게 된 내용에 대해서는 Richard Rupp, "NATO 1999 and NATO 2000: from Collective Defense toward Collective Security", Journal of Strategic Studies, Vol.23, No.9, 2000, pp.154~176과 Rahul Rao, "The UN and NATO in the new world order: legal issue", International Studies, Vol.37, No.3, 2000. 참조.

17) 코소보 평화 협정인 'UNSCR 1244 결의안'은 1999년 6월 10일 UN 안보리 제 401차 회의에서 안보리 15개국 중 찬성 14표, 기권 1표로 통과한다. 찬성표는 상임이사국 4개국과 슬로베니아, 브라질을 포함한 비상임 이사국 10개국이었으며 당시 중국은 기권했다.

18) 코소보 전쟁 해결과정을 지켜본 타리크 알리는 "코소보의 미래와 그 운명은 세르비아인과 알바니아계 당사자 간에 결정되기 보다는 국제 역학구도에 따른 강대국들의 간섭과 결정에 의해 결정되었으며 앞으로도 그렇게 전개될 것으로 보인다"라고 언급하기도 했다.

19) 국제위기그룹(International Crisis Group)은 "권리 신장을 요구하는 알바니아계의 의식 밑바닥에는 언젠가는 그들이 다수를 차지할 것이란 생각들이 깔려있다"고 분석하고 있다. 1994년 인구 조사에서 마케도니아 내 알바니아계는 23%에 불과했지만, 알바니아계의 출산율(100명당 2.7명)과 마케도니아 슬라브계의 출산율(100명당 1.3명)을 비교해 볼 때, 2011년 알바니아계의 인구는 약 35%에 이를 것으로 추산된다.

20) Slavenko Terzić, "The Serbs and the Macedonian Question", Dušanka Hadži-Jovančić (ed.), The Serbian Question in Balkans, Beograd: Faculty of Geography, Univ. of Belgrade, 1995, pp.79~80.

21) T. Zavalani, "Albanian Nationalism", Peter F. Sugar & Ivo John Lederer (ed.), Nationalism in Eastern Europe, Seattle and London: Univ. of Washington Press, 1994, pp.62~64

22) Zlatko Isaković, "Međunarodni položaj Makedonije", Momir Stojković & Ana Damian (eds.), Savremeni procesi i odnosi na balkanu, Beograd: Gorograf, 1997, p.386.

23) 실제 세르비아 정부는 코소보에서의 알바니아인들 독립 요구는 세르비아뿐만 아니라 마케도니아 등 발칸유럽의 분쟁 확대로 이어질 것이라 경고해왔고, 2001년 마케도니아 내전을 통해 확인할 수

있듯, 이러한 주장이 발칸유럽의 상당 국가들에게 상당한 설득력을 얻고 있다.

24) UNHCR, http://www.unhcr.org

25) 난민지위에 관한 협약(제네바 난민 협약, 1951. 7. 28.)과 이를 보완한 '난민지위에 관한 의정서(뉴욕 의정서, 1967. 1. 31.)의 내용에 대해서는 UNHCR, 『난민 관련 국제조약집』, UNHCR 사무소, 1997. 참조.

26) Ibid., p.12.

27) '벤스-오웬안'은 보스니아 내전이 격화되고 있던 시점인 1992년 9월 런던 회담과 제네바 회담에서 제시된 유럽 측 평화안을 기초로 이루어진 평화안이다. 이에 따르면 기존의 보스니아 영토를 10개 구역으로 나누어 보스니아 무슬림계, 세르비아 정교계, 크로아티아 가톨릭계 등 세 민족 집단들이 각자 3개씩 나누어 갖고, 인종적·종교적 혼합으로 그 구분이 어렵거나 어느 민족 지역에도 속하기를 거부하는 '제4지대(Fourth estate)' 사람들을 위해 사라예보를 비롯한 인근 지역을 중립지대로 두자는 내용을 담고 있었다. 하지만 이 평화안은 역사적, 지정학적 그리고 국제 역학적 요인으로 인해 종교와 문화 그리고 민족적으로 매우 복잡한 모자이크로 형성되어 있던 보스니아의 현실을 무시한 서유럽 국가들의 일방적이고 편의적인 발상에서 비롯되었다는 비난과 함께 결과적으로 내전의 격화를 불러왔다는 비난을 받게 되었다.

28) 데이턴 합의안의 특징과 주요 내용에 대해서는 김철민, 「내전 종결 10년, 보스니아 민족문제의 현황과 평화협정 이행에 관한 연구」, 유럽연구, Vol.25, No.1, 한국유럽학회, 2007. 참조.

29) 모스타르 다리는 보스니아 내전 당시 크로아티아계가 보스니아 무슬림을 전략적 거점지역인 모스타르(Mostar)로부터 몰아내기 위해 파괴한 다리이며, 이로 인한 대규모 보스니아 무슬림 난민들이 주거지를 잃고 쫓겨나야 했다.

30) "Aneks 3, Sporazum o izborima,", "Aneks 8, Sporazum o komisija za očuvanje nacionalnih spomenika,", "Aneks 9, Sporazum o osnivanju javnih korporacija u Bosni i Hercegovini,", "Aneks 10, Sporazum o srpovođenju civilnih aspekta mirvnog sporazuma,", "Aneks 11, Sporazum o međunarodnim policijskim snagama," Momir Stojković

(ed.), Balkanski ugovorni odnosi, 1876~1996, Beograd: JP Službeni list SRJ, 1999, pp.733~736, 763~775.

31) 데이턴 평화협정에 따라 내전 종결 이후 1996년 9월 14일에 보스니아 전국 단위의 1차 선거가 실시되었다. 1996년 임시 총선거와 1998년 제1차 총선거가 유럽안보협력기구(OSCE)의 주관 하에 이루어졌다면, 2002년 10월 5일에 실시된 제2차 선거부터는 보스니아 정부가 자체적으로 선거를 실시해오고 있다. 당시 한국 또한 1996년, 1998년 총선거에 각각 12명의 선거 감시단을 보스니아에 파견하기도 했다.

32) Драган Пантић, "Српско питање у Босни и Нерцегнови као претпоставка државности Репблике Српске," Владо Стругар (пр.), Југословенска држава 1918~1998 (Београд: Институт за савремену историју, 1999), pp.780-781.

33) UNHCR, http://www.unhcr.org

34) 코소보 전쟁이 단기간에 끝날 것이라는 국제사회의 예상과 달리 장기전으로 확대되자 이 문제를 해결하기 위해 G8(미국, 독일, 영국, 프랑스, 이탈리아, 일본, 캐나다, 러시아) 외무부 장관들이 1999년 5월 6일 피터스버그 센터(Petersberg Centre)에 모인다. 이 자리에서 G8 외무부 장관들은 과거처럼 무력적 해결이 아닌 정치적 해결에 기초한 일반 원칙들을 수립하고자 논의하였다. 그리고 회의 결과에 따라 7개의 내용이 결의되는데, 그중 코소보 난민문제와 관련된 내용으로는 네 번째, 코소보 내 모든 거주민들의 평화롭고 정상적 삶을 위한 조건을 확실히 구축하기 위해 UN 안보리에 의해 결정된 코소보 임시행정기구(Interim Administration for Kosovo)를 설립할 것. 다섯 번째, 코소보 난민의 안전한 귀향과 인권보호단체의 제한 없는 코소보 방문을 지원할 것 등을 들 수 있다.

35) NATO, http://www.nato.int/issues/kosovo

36) 'UNSCR 1244'의 내용과 진행에 따른 3개 분야로의 분류 방법과 분석 내용은 김철민 「세르비아 시각에서 바라 본 코소보(Kosovo) 독립 문제와 평화협정(SCR 1244) 이행에 관한 연구」, 동유럽 발칸학, Vol.11, No.2, 한국동유럽발칸학회, 2009. 참조.

37) Security Council Resolution 1244, 1999

38) Ibid.

39) 이와 함께 세르비아는 새롭게 임명된 반기문 UN 사무총장이 2007년 1월 21일 코소보 문제의 해결 방향에 대해 "무엇보다도 UN은 세르비아 국경선의 보존과 자주권, 독립권 그리고 영토권을 보장하겠다"고 분명히 약속했음을 계속해서 상기시키고 있는 실정이다.

40) 정은숙, 『21세기 유엔평화유지활동: 코소보 사례를 중심으로』, 세종연구소, 2003, p.29 참조.

41) 실제 마케도니아 헌법 전문에는 "마케도니아 민족의 역사적, 문화적, 정신적, 국가적 유산과 민족적, 사회적 해방 그리고 국가 건설을 위한 수세기 동안의 투쟁으로부터 얻어진 마케도니아 공화국은……'마케도니아 민족의 마케도니아 민족국가'가 지속하리라는 역사적 사실로부터 출발하고 있다"는 점을 분명히 함으로써 마케도니아 민족만을 주민족으로 인정하고 있었다.

42) Brunnbauer, Ulf, "The Implementation of the Ohrid Agreement: Ethnic Macedonian Resentments", Journal of Ethnic Politics and Minority Issues in Europe, 2002, p.4~7 참조.

43) 마케도니아는 2004년 3월 EU 회원국 가입을 신청했고, 2012년 현재 발칸유럽 국가 중 몬테네그로와 함께 EU 가입 후보국 지위에 올라와 있다.

44) Chul-Min Kim, "The Value of Strategy and the Current State of the Deployment of PKO in Eastern Europe: The Case of Kosovo", KACEEBS International Conference, 2009. 참조.

45) 코소보 평화 협정 체결 초기 코소보에 파견된 5개 다국적 여단은 19개 NATO 회원국을 포함, 모두 37개국의 병력으로 이루어졌으며 최대 5만 명까지를 상정해 사령관을 정점으로 한 단일 명령 체계 속에서 특수여단(이탈리아 주도), 중부여단(영국 주도), 남서여단(독일 주도), 동부여단(미국주도)으로 구성되었으나 현재 15,000여 명이 상주하고 있다.

46) Donatella Luca, "Questioning Temporary Protection", International Journal of Refugee Law, Vol.6, No.4, 1994, pp. 535~537.

47) UNHCR, 『UNHCR 집행위원회가 채택한 난민의 국제적 보호에 관한 결정』, UNHCR 사무소, 1999.

48) UNHCR, 『난민 관련 국제조약집』, op. cit., p.24, pp.112~113.

49) UNHCR, "Statistical Year Book", 1994.

50) EU, http://europa.eu.int/eur-lex/en/treaties/dat/amsterdam.html

51) http://eur-lex.europa.eu/LexUriServ/site/en/oj/2003/l_050/l_05020030225en00010010.pdf

52) 김철민, 「보스니아 난민 문제 현황과 난민 정책에 관한 연구」, 동유럽연구, Vol.26, 한국외국어대학교 동유럽발칸연구소, 2011, p.427.

53) 2003년 제정된 '비호와 임시 보호에 관한 법률(LATP)' 제정 목적을 다룬 내용을 살펴보면 다음과 같다; "This Law governs also the conditions under which the Republic of Macedonia can grant temporary protection as well as the rights and duties of persons under temporary protection."

국제난민 이야기 동유럽 난민을 중심으로

펴낸날 **초판 1쇄 2012년 11월 28일**

지은이 **김철민**
펴낸이 **심만수**
펴낸곳 **㈜살림출판사**
출판등록 1989년 11월 1일 제9-210호

경기도 파주시 문발동 522-1
전화 031)955-1350   팩스 031)955-1355
기획·편집 031)955-4662
http://www.sallimbooks.com
book@sallimbooks.com

ISBN 978-89-522-2231-2   04080

책임편집 **최진**